这就是中国历史

宋 君臣共治的天下

何孝荣 主编

化学工业出版社
·北京·

图书在版编目（CIP）数据

这就是中国历史. 宋：君臣共治的天下/何孝荣主编. —北京：化学工业出版社，2020.8（2025.3重印）
ISBN 978-7-122-37126-3

Ⅰ.①这⋯　Ⅱ.①何⋯　Ⅲ.①中国历史-宋代-少儿读物　Ⅳ.① K209

中国版本图书馆CIP数据核字（2020）第092731号

责任编辑：丁尚林　马羚玮　　　　　　　装帧设计：尹琳琳
责任校对：张雨彤

出版发行：化学工业出版社（北京市东城区青年湖南街13号　邮政编码100011）
印　　装：涿州市殷润文化传播有限公司
787mm×1092mm　1/16　印张12　字数177千字　2025年3月北京第1版第12次印刷

购书咨询：010-64518888　　　　　　　　售后服务：010-64518899
网　　址：http://www.cip.com.cn
凡购买本书，如有缺损质量问题，本社销售中心负责调换。

定　　价：39.80元　　　　　　　　　　　　　　　　　　版权所有　违者必究

目录

导读　历史是这样的......1

伟大的开端..................2
赵匡胤陈桥兵变................ 2
杯酒释兵权.................... 8
烛影斧声..................... 11
踏灭北汉，征讨大辽........... 14
半部论语治天下............... 19
忠烈杨家将................... 22
背负骂名的潘美............... 27
高开低走的"咸平之治"........ 30
澶渊之盟..................... 33

治世经邦..................36
刘太后临朝听政............... 36
宋夏战争..................... 40
庆历新政..................... 45
"守成贤主"宋仁宗........... 49

宋英宗执政................... 52
王安石变法................... 57
断齑划粥的范仲淹............. 62
孝顺刚正的包拯............... 66
醉翁欧阳修................... 70
"面涅将军"狄青............. 74
三朝贤相韩琦................. 77
博学多才的沈括............... 80

北宋倾覆..................84
新旧党争..................... 84
联金灭辽..................... 88

宋江、方腊起义 ………… 92
两宋分水岭 ………… 95
警枕励志的司马光 ………… 99
文彦博安定危局 ………… 102
命途多舛的苏轼 ………… 106
轻佻天子宋徽宗 ………… 110
一代名将种师道 ………… 112
千古第一才女 ………… 115

偏安一隅 ………… 119
赵构称帝 ………… 119
社稷之臣李纲 ………… 123
文武兼备的宗泽 ………… 127
忠勇韩世忠 ………… 131
岳飞精忠报国 ………… 134
绍兴和议 ………… 138
天资忠义的刘锜 ………… 141

虞允文大战采石矶 ………… 147
亘古男儿陆游 ………… 151

落日余晖 ………… 155
宋孝宗隆兴和议 ………… 155
开禧北伐与嘉定和议 ………… 159
史弥远专权 ………… 164
宋理宗端平更化 ………… 167
联蒙灭金与端平入洛 ………… 171
宋蒙交战 ………… 174
将门虎子孟珙 ………… 177
祸国殃民的贾似道 ………… 180
南宋灭亡 ………… 184

历代帝王世系表 ……… 188

历史是这样的

宋朝为什么有北宋和南宋"两个"呢？

宋朝到底是"积贫积弱"还是国富民强呢？

杨家将、岳家军、梁山好汉……这些流传千古的名字，背后都隐藏着怎样的故事呢？

如果你有过这些疑问和思考，那么非常欢迎你和我们一起推开宋朝历史的大门。

我们中华文明有着五千年悠久的历史，其中有很多有趣的故事，也有很多前人总结出来的经验和智慧。

学习这些历史不仅可以拓宽我们的视野，丰富我们的知识面，还能使我们更加明事理。

唐太宗曾说过："以史为镜，可以知兴替。"

哲学家培根也曾说过："读史可以使人明智。"

为了方便小读者们了解真实的历史脉络，对历史产生兴趣，我们联合了众多历史学者特意编撰了这本《这就是中国历史——宋》，见证宋朝时期仁人志士的爱国情怀。

伟大的开端

后周禁军大将赵匡胤发动了历史上有名的"陈桥兵变",夺取了皇位,建立了宋朝(960—1279年)。

宋朝建立之初,周边强敌环伺。经过赵匡胤和赵匡义(即赵光义)两代皇帝的努力,终于统一了中国大部分地方,实现了大一统。

也许,赵匡胤本人也想不到,他建立的宋朝历时三百余年,在中国历史上发出耀眼的光辉。

知识链接

胸怀大志的周世宗

公元954年,周世宗柴荣即位为帝。他是一个胸怀大志的人,曾定下十年拓天下、十年养百姓、十年开太平的宏伟目标。

柴荣即位后,后周国力蒸蒸日上。此后,他三次亲征,灭掉南唐;率兵北伐,节节胜利。后来,他在进军幽州的路上因病回京,而后去世。

赵匡胤陈桥兵变

月黑风高夜,马蹄声碎,驿使声咽。八百里加急快报从边关传递到东京城,只用了短短两天时间。厚重的城门缓缓开启,"哒哒"的马蹄声划破安宁的夜空,犹如一记重锤,狠狠地砸在了后周皇太后符太后的心头:辽国联合北汉大举进攻本朝边关,倘若边关有失,敌军将长驱直入,首都东京都有可能不保。当时后周英主周世宗柴荣已经去世,

伟大的开端 | 赵匡胤陈桥兵变

他的儿子周恭帝年纪还小,不懂事,这样的大事只能由符太后来应付。符太后心知情况危急,但想不出任何办法,只有唤当朝宰相范质前来商讨对策。范质思前想后,觉得能够独挑大梁,并率领军队拒敌于关外的大将,也只有殿前都点检赵匡胤一人了。殿前都点检是掌握朝廷亲军的大将,赵匡胤在周世宗在位的时候曾经多次率军抵御北汉,征伐辽国,还曾带兵攻打过南唐,让他来抵御这次北汉和辽国的进攻应该足以胜任。于是范质急忙派人去请赵匡胤入朝,准备听取赵匡胤的退兵之计。

此时赵匡胤正躺在床上,听到贴身侍从的呼唤,他不禁心中狂喜:连日来的计划,终于能够顺利地实施了。当时是五代十国时代,五代的开国君主,从后梁

在高大的城墙面前,如果没有优良的攻城设备、充足的士兵、完备的攻城方案,那么攻城很容易失败

守军居高临下,以逸待劳,战场上优势较明显

太祖朱温到后周太祖郭威，几乎都是作为统兵大将夺取前朝的皇位。赵匡胤作为后周军队的头号大将，早就想做皇帝了。如今后周皇帝年幼，太后主政，正好是夺取皇位的好时机。辽国和北汉军队入侵的消息，其实是他勾结边关将领伪报的。知道宰相范质来请他，赵匡胤强压着心头的欢喜，急匆匆地穿好衣服直奔相府。

"赵将军，今夜快报，敌军犯边，你可有何良策？"范质问道。

"臣世受国恩，愿以我赵匡胤换取我朝的安宁，御敌于边关之外，保我大周。"赵匡胤装出慷慨激昂的样子。

"依将军之见，需要多少兵马，大将几员？"

"此次敌兵犯境，是趁了先帝刚刚归天之机，见我朝中不稳，必是举国入侵，非得集中我朝的大部分兵马，并让王审琦、高怀德等大将辅佐，方能击退敌兵。不然，我等都会成为罪人，无颜见先帝于地下。"这三员大将都是赵匡胤的亲信部将，赵匡胤用他们作为大将，又要调动全国大部分兵马，他的算盘打得可真精。

"既然如此，本朝所有兵马，都归将军调动，将军想调哪支军队就调哪支军队。"范质是个老实人，心里想的都是怎么抵御敌兵。

等调动兵马要用的印信符节都到手了，赵匡胤马上召集军队，准备出征。一日之内，大批兵马齐聚京师，第二天誓师出征，大军浩浩荡荡向北方边关开去。当天晚上，几十万大军驻扎在东京东北的

知识链接

刘崇建立北汉

郭威于公元951年登上帝位，被后人称为后周太祖。后汉高祖刘知远的弟弟刘崇在晋阳（今太原）称帝，他所建立的国家被后人称为北汉。

为了与后周对抗，北汉刘崇称辽国皇帝为叔父，每年向辽国进贡大量钱财，以获取其军事援助。自此，后周和北汉经常展开战争。

宰相范质

范质自幼勤学好问，后来考上进士。后周建立后，他担任兵部侍郎，升至宰相。

后周世宗十分信任他，临终时将幼主托付于他。赵匡胤陈桥兵变后，他担任宋朝宰相。

陈桥驿，赵匡胤与大将王审琦和高怀德、弟弟赵匡义、心腹赵普等人吃过晚餐，痛饮几杯之后，便早早地去睡了。赵匡义、赵普等人却睡意全无，他们趁着夜色，悄悄地开始了与赵匡胤谋划已久的行动。

此时，夜幕刚刚降临。晚风急，军旗鸣，营中火把随风飘。

黑夜下的将士们，并没有睡得安稳，因为他们正聚在一起商讨一件会掉脑袋的大事：当今皇帝年幼，太后主政，将士们在外出生入死，皇帝长大了也不会知道我们的辛劳，实在是让人寒心。有人提议："既然皇帝视我等如草芥，我等何不推举赵将军为我等做主？"短暂的沉默换来几声干净利落的附和，一小群将士的热情感染了整个军营。将士们一拥而入来到赵匡胤的中军大帐，高声呼喊着"赵点检为天子"。大帐门口值守的侍卫来不及阻挡，将士们已经冲进了赵匡胤的营帐。假装熟睡的赵匡胤被将士们推醒扶起，叱问将士为何喧闹。大家一同答道："愿让赵点检为天子。"赵匡胤假装生气的样子："我等世受国恩，怎敢背叛先帝？！"见将士们不理会自己的说法，赵

> **知识链接**
>
> **北宋平定南方**
>
> 　　北宋开国之初，南方有南唐、后蜀、吴越等多个割据政权。
>
> 　　宋太祖赵匡胤先派兵平定了湖南，接着又派兵伐蜀，迫使后蜀的孟昶投降，随后又平定了割据岭南的南汉政权。
>
> 　　经过一系列战争，到公元975年，南唐后主李煜投降，南方已经被大体平定。

▼ 陈桥兵变遗址

驿站是古代传递官府文书和军事情报的人或来往官员在途中食宿、换马的场所

柱用来承受重量，是中国古代建筑中最重要的构件之一

陈桥驿发生的兵变改变了历史进程，这块碑文上写着八个字"宋太祖黄袍加身处"

披上龙袍的赵匡胤

  匡胤只得高声问道:"既然尔等愿尊我为帝,不知尔等可听我命令?"众将士一同下跪,齐声道:"愿听皇上号令!"话音刚落,就有军士拿出早已准备好的黄袍,披在赵匡胤的肩上,并一同跪下,行三拜九叩大礼,高呼万岁。这一切表面上是将士自发地要让赵匡胤当皇帝,实际上都是赵匡胤指使自己的亲信将士发动的。

  被将士们立为皇帝后,当夜赵匡胤便下令全军,要严守军纪,不得有误,违令者斩。士兵们在各位将领的带领下迅速归营,值守的值守,休息的休息,军营恢复了应有的肃寂。第二天,天蒙蒙亮,几十万大军按照赵匡胤的命令,迅速埋

锅造饭。然后赵匡胤清点军队,誓师训诫。誓师完毕,大军后军作前军,直奔后周都城东京而去。

赵匡胤带军出征的当天,东京城内就流传着"出军之日,当立点检为天子"的谣言,等到赵匡胤第二天带着大部队返回的时候,很多人心中已然明了。因为赵匡胤和其弟赵匡义以及心腹赵普早就作好了安排,所以东京的守城士兵也早已换成了自己的人,统兵大将正是赵匡胤的心腹将官石守信,赵匡胤兵不血刃就进了东京城。朝中文武百官惊闻赵匡胤陈桥兵变,黄袍加身,可是事到如今也无可奈何了。丞相范质一看事已至此,懊悔已经无济于事,只能识时务地逼迫恭帝退位。

当天赵匡胤就得到百官的拥护，坐上了皇帝的宝座，开创了延续三百多年的赵宋王朝。

杯酒释兵权

人都想当皇帝，但皇帝并不是那么好当，辛苦不说，主要还是太危险。这是赵匡胤做了皇帝之后最深切的感受。当时的政治环境下，每当皇帝被架空，臣子掌握大权之后，总会出现臣子篡夺皇位的事情。可赵匡胤要面对的形势实际上更加复杂，更加危险。宋朝建立之初，周边强敌环伺，北边有北汉和契丹，西边有后蜀，南边有南唐，要时常提防敌国的入侵；赵匡胤又是从孤儿寡母手中夺得江山，有很多人心中不服，后周手握大权的节度使大部分名义上臣服于宋朝，但实际上却是拥兵自重，在自己的管辖范围内为所欲为。如此一来，赵匡胤既要戒备来自敌国的入侵，又要提防来自内部的挑战，明枪易躲暗箭难防，着实很危险。来自敌国的侵犯，倒还可以派兵出征抵御；面对内部的敌人，却很难察觉，这才是最危险的，也是最难以处理的。

为了提防来自内部的敌人，尤其是防止手握重兵的大将造反，赵匡胤委任自己的铁哥们石守信和高怀德掌握了军队的最高指挥权，毕竟都是从小一起长大的，大家都知根知底，也就比较安全。

> **知识链接**
>
> **节度使**
>
> 节度使为官职名，起源于唐朝，掌管地方的军民要政，权力非常大，宋朝开国后，逐渐变成了虚衔，不再掌管军权。

▼ 北宋廻（huí）纹犀牛角杯

伟大的开端 | 杯酒释兵权

不过，赵匡胤的第一谋士赵普却不这么认为。赵普经常借着和赵匡胤商讨问题的机会来劝诫赵匡胤撤掉石守信、高怀德等人的大将职务，赵匡胤却从来不理会赵普的说辞。有一次，赵普又来劝诫赵匡胤，赵匡胤说："都是多年的好哥们儿，我相信他们绝对没有想要当皇帝的想法。""虽然他们不想当皇帝，但是如果他们的部下贪图富贵，逼迫他们当皇帝怎么办呢？"赵普这句话一出口，一下子就提醒了赵匡胤：石守信、高怀德那些人谁身边没有一批幕僚官佐，他们都想着跟随这几位大将，有朝一日能够鸡犬升天，如果有一天他们逼迫石守信、高怀德等人造反那可就危险了。于是赵匡胤开始想着如何来彻底解决这个问题。

当时的情形是，石守信、高怀德等一众大将在朝廷中掌握兵权，各位实力派节度使又在自己的管辖范围内手握重兵。如果赵匡胤贸然使用武力来解决军队的高级将领的话，必定会激起他们起兵反抗，甚至会导致新建立的宋朝重新陷入战火之中。赵匡胤思前想后，觉得不能硬来，只能采取巧妙的方法来解决这个问题。

赵匡胤还在后周做将军的时候，经常和石守信、高怀德等将军一起喝酒，在当了皇帝之后，也常常会宴请自己手下的大将一起喝酒，所以赵匡胤就决定从酒宴上下功夫。

话说这一日下了晚朝，赵匡胤又派人去请石守信、高怀德等手握大权的将军们进皇宫一起饮酒。酒过三巡，当将军们都已经开始微醉的时候，只听

> **知识链接**
>
> **石守信**
>
> 　　石守信是后周和北宋时期的将领。在后周做将领时，他参加了高平之战、淮南之战等著名战役，与赵匡胤结为异姓兄弟。
>
> 　　北宋建立后，石守信又率军平定各地叛乱，立下赫赫战功。
>
> 　　杯酒释兵权后，石守信被迫交出兵权，渐渐淡出了朝堂，于公元984年去世。

知识链接

以文制武

赵匡胤夺取后周政权后,为了防止重蹈五代十国的覆辙,决定加强中央集权。

他先是杯酒释兵权,解除了一些高级将领的兵权,并任命文官主持的枢密院掌管军政,实行以文制武。同时派文官到各地任知州、知府,各州府还设置通判来监督牵制州府长官。

▲ 宋代官印

见赵匡胤长长地哀叹了一声,将军们都凑过来一起问道:"陛下有什么不开心的事情吗?"

"唉,你们是不知道啊。当皇帝还没有以前做节度使的时候快乐,每天担惊受怕的。"

"陛下在担心什么呢?"

"我怕有人每天惦记着我的皇位。"

赵匡胤这句话一出口,在官场上打拼了几十年的油滑老将们马上就已经知道皇帝心中的想法了,一个个"扑通""扑通"地跪倒在赵匡胤的脚下,表示自己一定忠于赵匡胤,绝对不敢有异心。

"你们不想做皇帝,如果你们的部下有人贪图富贵,胁迫你们来做皇帝呢?"

听到赵匡胤这么一说,将军们肚中的酒已然化成了冷汗,从身上冒了出来,吓得都趴在地上,一边痛哭流涕一边不断地磕头,表示自己誓死追随赵匡胤。

赵匡胤看到自己的目的差不多已经达到了,就缓缓说道:"人生在世,无非是想要荣华富贵,那你们就解除兵权,好好享受富贵人生去吧。"

诸位将军们听到这句话,才感到如释重负,急急忙忙地磕头谢恩,心中庆幸自己从鬼门关前转了回来。将军们心中清楚,这事要是搁在别人手里,他们早就没命了。

第二天,将军们都向赵匡胤上奏,请求解除自己的兵权。赵匡胤假意地挽留了一番之后就同意了,然后给这些将领们委任了一些官位很高但没有实权的官职,并且赏赐了他们大量财物。

赵匡胤作为皇帝,和那些大肆杀害功臣的皇帝相比，算是非常仁慈的，所以他手下的大将以及心腹谋士才能够全身而退，避免了兔死狗烹的悲剧。

烛影斧声

公元976年的一个深夜，宋太祖赵匡胤突然去世了。因为赵匡胤死得十分突然，之前并没有任何征兆，因此关于他的死因一直是历史上的一个悬案。而有关此"案"的最著名的解释就是"烛影斧声"的故事。

据宋朝人编著的《续湘山野录》记载，赵匡胤去世的前一天，京城下起了大雪。到了晚上，赵匡胤召自己的弟弟晋王赵光义来到寝殿，两人在殿中一边赏雪一边喝酒聊天。后来，赵匡胤可能是想跟弟弟说点私密的事，就把身边的宫女太监都打发出去了，只留下赵光义一人陪着。

当时外面大雪纷飞，宫女太监们都站在殿外候着，远远地看到殿内烛光摇曳，而晋王赵光义的身影在烛影下，时而离席，时而退避，但究竟里面说了什么，根本听不见。他俩一直聊到半夜，殿前积雪已经很厚了，谈话才结束。

过了一会儿，只见赵匡胤忽然打开殿门，手里莫名其妙地拿着一把斧子，站在门口，在雪地里使劲儿地戳了几下，一边戳还一边回头对赵光义说："好做！好做！"赵光义随后从殿门走出，告辞离开了。

> **知识链接**
>
> **赵匡义**
>
> 赵匡义又名赵光义，是赵匡胤的弟弟，宋朝第二位皇帝，史称宋太宗。
>
> 即位后，他继续进行统一事业，发展农业生产，进一步推动和完善科举取士，加强对官员的考察与选拔，确立了文官政治。

　　赵匡胤等赵光义走后，又回到寝殿，解衣就寝，很快就鼾声如雷了。皇帝跟自己的亲弟弟喝酒喝多了，熟睡过去，侍从们自然也不敢打扰。可大约到了凌晨三四点钟时，侍从们忽然听不到皇帝的呼噜声了，又担心皇帝着凉，就蹑手蹑脚地想走进去看看，结果这一看不要紧，竟然发现皇帝全身冰凉，已经去世了。

　　第二天，晋王赵光义继位了，是为宋太宗。但是奇怪的是，赵匡胤去世时，他的两个儿子赵德昭和赵德芳都已成人，为什么赵匡胤没有把皇位传给自己的儿子，而传给了弟弟呢？要知道，这种做法在秦始皇称帝以后，是绝无仅有的。

　　因为赵匡胤死得十分蹊跷（qī qiao），宋朝的官方记录又十分简略，因此众说纷纭。但是在大多数人看来，赵匡胤的死与宋太宗赵光义是脱不了干系的。

据说，在赵匡胤死后，皇后曾让太监王继恩召秦王赵德芳进宫，可王继恩却没有去找赵德芳，而是去找了晋王赵光义，让赵光义赶快入宫。赵光义入宫时，皇后十分惊讶，随即又好像一切都明白了，忙怯生生地说："以后我们母子的性命，就全托付给官家了。"在五代及宋朝时，"官家"就是对皇帝的称呼。无疑，皇后已知道了自己的儿子不可能继承皇位，但又无可奈何，只能屈服，承认了赵光义的帝位继承权。

虽然赵光义成功当上了皇帝，但是毕竟名不正言不顺，有夺位之嫌，使得人心不服，他自己也觉得位子坐得不安稳。直到一件事的发生，才算给赵光义解了围，使他的继位有了合理的说法。

赵普是赵匡胤生前最信任的人，曾在陈桥兵变中立下大功，后来成为宋朝的开国宰相，位高权重。但后来不知因为什么被赵匡胤罢去了宰相之职，发放到外地去做节度使了。

赵光义继位后，把赵普召回京城，任太子太保。不久，赵普就给太宗上书，说自己知道一件"金匮之盟"的事，想讲给太宗听听。

这"金匮之盟"又是什么事呢？

据赵普说，早在建隆二年（公元961年），杜太后（赵匡胤与赵光义的母亲）在临终前，曾召赵普进宫，立下一份遗嘱。

当时杜太后对赵匡胤说："如果后周有个年长的皇帝，你是不可能登上皇位的。你百年之后，应把皇帝位传给光义，光义传给光美，光美再传给德昭。

国有长（zhǎng）君，才是社稷之纲啊！"赵匡胤只得答应，杜太后还让赵普当面记下誓词，封存到一个金匣子里。

据说，后来太宗让人到后宫寻找，果然找到了这个藏有誓词的金匣子。

在赵光义继位后六年，他的皇位继承权终于获得了一个看起来合情合理的解释。赵光义感念赵普的"功劳"，很快就给赵普升了职，后来还再度让他出任宰相。

赵普所道出的"金匮之盟"是否属实，早已无从稽考，而后来的事实却是，宋太宗赵光义并没有遵照"金匮之盟"，把他的帝位传给弟弟赵光美，反而找各种借口迫害赵光美，令他郁郁而终。而赵匡胤的儿子赵德昭，后来也被逼自杀了。

不论是"烛影斧声"还是"金匮之盟"，在今天看来都充满离奇，真实情况也是无从可查，成为一个未解之谜。

▲ 宋代磁州窑白地黑花梅瓶

 ## 踏灭北汉，征讨大辽

宋太宗赵光义即位时，南方只剩下福建的陈洪进和吴越国的钱俶，而他们其实早已臣服于大宋。在大宋周边有威胁的势力只有北方的北汉了。

此时的北汉，国力羸弱不堪，一直依靠辽国救济。

宋太宗为提高自己的地位和威望，向大宋子民证明自己是个合格的好皇帝，决定出兵攻打北汉。

公元979年初，宋太宗任命潘美为北路都招讨使，兵分四路，同时攻打太原。为鼓舞士气，显示必胜之心，二月，宋太宗御驾亲征。

得知大宋出兵，辽景宗赶忙调兵遣将，派大将耶律沙为都统，率部救援北汉，还派出南院大王耶律斜轸、枢密副使抹只等率精兵跟进。

为阻击辽军，宋太宗早就做好了安排。他派云州观察使郭进带领精兵，事先占领了有利地形白马岭，并在这里等候辽军前来。白马岭附近有一条宽阔的河流，也是辽军救援北汉的必经之路。辽军赶到时，郭进已在此等候多时了。

耶律沙见宋军有备而来，就想等耶律斜轸的援军到了再发兵，但其他将领却坚持兵贵神速，不宜拖延。耶律沙争论不过，只好提前向宋军发起进攻，结果被郭进打得落花流水。耶律沙也险些丢了性命，辽军元气大伤。

白马岭之战使辽军见识到了宋军的厉害。辽国决定放弃北汉，不再参与北汉与大宋的战争，北汉彻底陷入了困境。

之后，宋太宗率军抵达太原城下，指挥大军全面攻城，昼夜不息。面对宋军的猛烈进攻，太原城内的北汉军坚持抵抗，不肯投降。不久，太原城内局势急剧恶化，防御工事被打得破烂不堪，水和粮食也出现短缺，一些高级将领、官员开始陆续向宋军投降。

> **知识链接**
>
> **兵贵神速**
>
> "兵贵神速"多用在兵法上，指统兵作战贵在行军迅速。《孙子·九地》："兵之情主速。"《三国志·魏书·郭嘉传》记载："太祖将征袁尚及三郡乌丸。嘉言曰：'兵贵神速。'"

▼ 宋元通宝

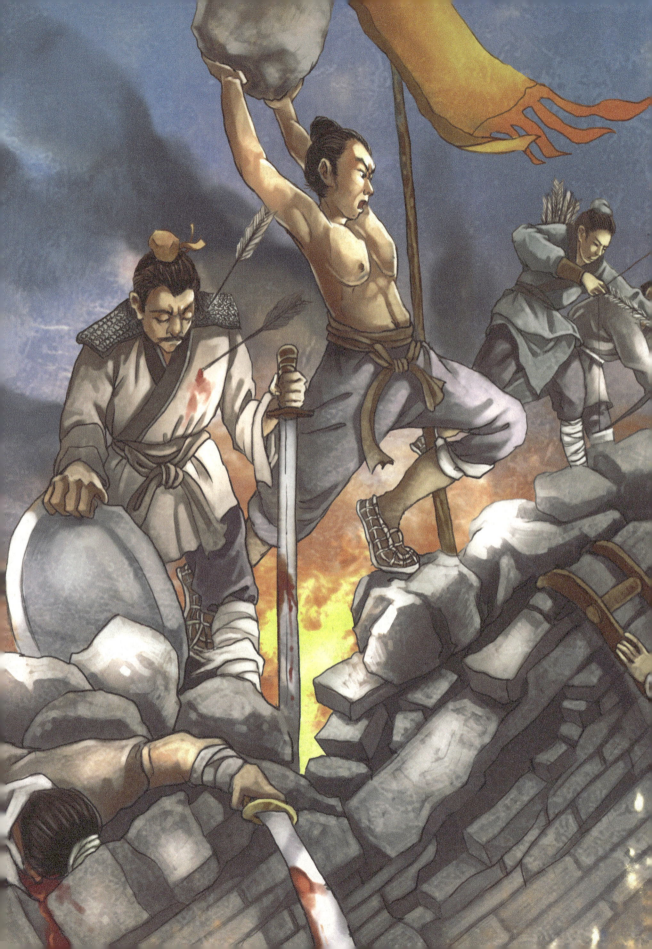

伟大的开端 | 踏灭北汉，征讨大辽

北汉皇帝刘继元见此情景，终于死了心，决定投降。至此，五代十国的割据局面全面结束。

北汉皇帝投降之后，北汉的一名大将却始终不肯屈服，仍然与宋军作战，这名大将就是刘继业。他的骁勇善战和忠诚之心让宋太宗十分动容。宋太宗觉得这是一位忠勇双全的人才，不忍心杀害，就让刘继元去招抚他。最后在刘继元的劝说下，刘继业归顺了大宋。

得到这样一员虎将，宋太宗非常高兴。宋太宗任命刘继业为大将军，让他出任郑州刺史，还让他恢复原来的"杨"姓，改"继业"为"业"。刘继业就是杨业，也就是杨家将故事中的杨令公。

为能超越前人，证明自己是个伟大的君主，宋太宗认为很有必要再把征讨事业向前继续推进一步。于是，他决定继续北伐，收回燕云十六州。

燕云十六州坐落在燕山山脉，分为以燕京（幽州）为主导的山前七州和以云州为重心的山后九州。燕云地区是中原各王朝抵御游牧民族南侵的重要防线。

公元938年，后晋的石敬瑭为了获得辽国的支持，将燕云十六州割让给了辽国。失去了燕云十六州，中原仿佛头悬利刃，时刻都会受到严重的威胁。中原政权也曾多次出兵，想夺回燕云十六州，但都无功而返。

宋太宗统一了中原后，想夺回燕云十六州，给自己的政治生涯画上最为完美的一笔。于是，宋太宗在攻克太原后没多久，就下诏要求大军从太原出发，征讨辽国。

一开始，宋军获了一些小胜利，但当两军在高梁河相遇后，宋军却遭到了前所未有的失败。实际上，辽国经过四十多年的发展，早已是兵强马壮、军事人才众多。

在高梁河，宋军就遭遇了一个名叫耶律休哥的辽军将领。耶律休哥智慧超群，用兵诡异，将宋太宗亲自督战、兵力占据优势的宋军打得溃不成军，甚至还差点要了宋太宗的命！

宋军大败，无奈只能转攻为守。但宋太宗的进攻却惹怒了辽景宗，辽景宗下令攻打大宋。

为阻击辽军，宋太宗急忙派出人马迎战，双方各有胜负。于是辽景宗任命耶律休哥全权负责对北宋的战争，在以后的战争中，大宋逐渐见识到了耶律休哥的厉害。

知识链接

交子

交子是世界上最早的纸币，发行于北宋仁宗年间。最初它只是一种存款凭证，后来四川的商人们为了避免携带大量铜钱去交易，开始印刷有统一面额和格式的交子作为纸币来流通。

公元1023年，宋仁宗对交子进行了整顿，发行了"官交子"。

半部论语治天下

在宋代，有这么一位奇人：不读《诗》《书》《礼》《易》《乐》，却文思敏捷；没看过一部兵书，却谋略过人。他就是前面提到的宰相赵普。

赵普年轻的时候，在永兴军节度使刘词的手下出任官职，他很能干，工作非常出色。刘词去世之前给后周世宗柴荣写了一封遗表，将赵普推荐给了这位皇帝，赵普因此才得以在后周朝廷里任职，并因此结识了同朝为官的赵匡胤。赵匡胤和赵普交流了一番，觉得赵普是一个非常有智慧的人才，赵普也觉得赵匡胤是一个很出色的人物。英雄惺惺相惜，赵普和赵匡胤的关系非常要好，以至于后来赵匡胤发动陈桥兵变夺取皇位，都是赵普为他出谋划策。

北宋建立之后，为了稳定政局，宋太祖赵匡胤让前朝宰相继续任职。赵普虽然没有宰相的权力，但作为赵匡胤的心腹大臣，赵匡胤有事情想不到更好的解决办法，或者还不确定如何解决的时候，总会去找赵普商议。他所发挥的作用事实上远比宰相大得多。

这天晚上，宋太祖顶着漫天的风雪，来到了赵普的宅邸。这可把在屋里烤火取暖的赵普吓了一跳，赶紧把宋太祖迎进屋内。

▲ 宋朝科举考试

> **知识链接**
>
> **四书五经**
>
> "四书五经"是"四书"和"五经"的合称。"四书"指《论语》《孟子》《大学》和《中庸》，而五经指《诗经》《尚书》《礼记》《周易》和《春秋》五书。从南宋以后，"四书五经"就成为儒学的基本书目，是中国古代最权威的儒家典籍。

"官家冒着风雪来微臣这儿，想必不是小事吧。"赵普拨了几下烤炉里的炭火，一边招呼妻子端上好酒好菜，一边表情严肃地问。

宋太祖拍了拍身上积累的雪花，沉吟道："我想到天下还没统一，辗转反侧，有些睡不着，就来找你商量一下。你觉得北方和南方，先向哪个下手比较好？"

赵普沉默一阵，比画着说："先打南方吧。如果咱们先打北汉，北边的辽国一定会出手。"

赵普的战略果然不错，赵匡胤很快就成功地统一了中国。

已经解决了来自外部的威胁，接下来就该解决隐藏于内部的威胁了。有一天，赵匡胤问赵普："你说这几十年来，皇帝换了十几个，征战不断，老百姓始终不得安生，这个问题怎样才能解决呢？"

"陛下，主要是因为君主的实力太弱，臣下的实力太强大了。如果能够想办法解决了臣下实力强大的问题，整个国家才会稳定，而且也不会年年打仗了。"

赵普一说完，赵匡胤马上就知道该怎么做了，然后赵匡胤和赵普就开始谋划如何削弱实力强大的臣子。

之后就发生了历史上著名的"杯酒释兵权"，然后他们又通过一系列改革措施，终于将大部分权力都集中在皇帝赵匡胤的手中，大臣们再也没有机会来发动叛乱了。

赵普为开创一个在中国历史上延续几百年的新

知识链接

《太平御览》

宋太宗赵匡义喜欢读书，太平兴国二年，他下诏命李昉等大臣将崇文院中的藏书编辑整理，定书名为《太平总类》。

书籍编辑完成后，宋太宗每日阅读，因此将这部书更名为《太平御览》。因为书中编辑整理了大量现在已经遗失的文献，所以这部书弥足珍贵。

伟大的开端 | 半部论语治天下

王朝立下了汗马功劳。

因为赵普书读得少，赵匡胤就劝诫他要多读一些书。所以赵普在退朝之后，一回到家中就将自己关在书房中读《论语》。久而久之，东京城内的达官贵人们都知道赵普每天退朝后去读《论语》的事情了。宋太宗赵匡义即位（976年）后，为了满足自己的好奇心，就问赵普："别人都说你每天只读一部《论语》，这是真的吗？"赵普回答说："确确实实是这样的，我所有的知识都来自《论语》这部书。在以前的时候，我通过从半部《论语》中学到的谋略来辅佐先帝取得了天下，现在就用剩下的这半部《论语》来辅佐陛下治理天下。"

古代的灯罩多为纸做的

赵匡胤非常喜欢读书。他当皇帝之前，有次攻打淮南时，有人向周世宗告发说他私藏的金银有很多车，周世宗命人打开车箱，发现全是书籍。周世宗由此更加器重赵匡胤

这个故事在历史上很有名。赵普读书虽然不多，但是能把书中所讲与实际生活结合起来，活学活用，这也是他能够用半部《论语》治理天下的精髓所在。

忠烈杨家将

> 知识链接
>
> **杨家将的传说**
>
> 杨家将的故事广为流传，该故事以宋朝大将杨业一家的故事为原型，增加了杨门女将等虚构人物，有些人的名字与历史记载并不相符。

一将功成万骨枯。这枯骨，不光是万千普通士兵的，也是帝王将相的；普通将士骨枯名没，帝王将相骨销名传。为什么会是这样呢？这不是高低贵贱的缘故，而是因为普通将士人数众多，平淡无奇，没有出彩的地方，帝王将相生命充满奇迹，有更多浓墨重彩之处。北宋的名将杨业，就是这样一位充满传奇色彩的大将。

杨业小时候擅长骑射，有侠义风骨，喜欢打猎，每次收获都很多。打猎回来他会将自己的猎物分给身边的小伙伴们，身边的同龄人都喜欢跟随杨业一起去打猎。杨业经常对自己的父亲说："我以后带兵打仗，就像骑马追一群小兔子一样。"还没成年的时候，杨业就受到北汉世祖刘崇的赏识，担任了保卫指挥使一职。在追随刘崇征战的过程中，杨业勇猛无敌，因此被提拔为节度使，镇守北汉的边界。在与契丹的交战中，他每次出击都能够获得胜利，被北汉人称为"杨无敌。"

▼ 北宋玉押

公元979年,宋太宗赵匡义派兵攻打北汉,一路高歌猛进,北汉大将和节度使一部分战败被杀,一部分直接投降了宋朝,北汉只剩下太原。刘继元被围困在太原城两年之后,终于投降。

在攻打北汉之前,赵匡义就听说北汉有一位大将被称作"杨无敌",爱才心切的宋太宗下令,太原城破之时,不能将杨业当作俘虏对待,要保护好杨业及其家人。太原一投降,北汉灭亡。宋朝大军进入太原城,太宗亲自下令,召见杨业,

古代打仗时,敌我双方往往先摆好阵势,擂鼓为进攻,鸣金为收兵。作战勇猛的将领,多会披坚执锐,冲锋陷阵,以带动士气

和杨业交谈了很久。宋太宗认为杨业是一位不可多得的勇将,有多年守卫北汉与契丹之间关隘的经验,因此就派杨业继续守卫这些地方。契丹看到宋朝军队刚刚打败北汉,想趁着人心不稳来浑水摸鱼,多次派兵南下攻打宋朝,都被杨业带兵击退了。有一次,契丹驸马带着十几万大军来攻打宋朝雁门关,宋朝大将潘美率大军驻守雁门关。两军对垒,契丹兵强马壮,宋军势弱,契丹大军随时都有可能踏破雁门关直入中原,情况万分紧急。杨业向潘美请命,愿意亲率数千骑兵迂回至契丹大军后方进攻,潘美深知这是一险招,此去凶多吉少,如被敌人发现,杨业和数千骑兵必将被契丹大军吞噬。杨业根据自己的判断,力请,最终获得潘美的同意。于是杨业从军中挑选了数千名精壮骑兵,从雁门关以西的关口出发,走小路绕到契丹大军身后,杨业身先士卒,带着数千骑兵像一支利剑刺向十几万契丹大军,契丹大军毫无防备,顿时陷入慌乱,潘美看到契丹大军慌乱,马上指挥数万宋军出关作战,配合杨业。这一战,宋军前后夹击,大获全胜,活捉了带兵的契丹驸马。这一战,导致契丹朝野震动,很久都不敢派兵南下攻打宋朝。

杨业在边疆所向无敌,深受赵匡义的赏识以及士兵的爱戴,也引起了一部分将领的嫉妒,有人上书赵匡义,诋毁杨业。赵匡义就将这些人的奏章封存好,全部

▼ 雁门关

雁门关位于今山西省代县,是长城的重要关隘,自古以来就以险峻著称。雁门关的叫法从唐朝开始,唐初为了抵抗北方突厥的进犯,在雁门山驻军,并设关城,派戍卒防守。

北宋时这里成为防御契丹的重要关隘。

交给了杨业,表示对杨业的信任,杨业大为感动,誓死效忠赵匡义。

为了收复后晋石敬瑭割让给契丹的燕云十六州,宋太宗赵匡义发动全国大军,攻打契丹。大将潘美和杨业率领的军队连战连捷,攻占了契丹的四个州,但由曹彬率领的军队却遭到惨败,没能够按计划前进,导致战线过长,潘美和杨业的军队失去后方部队的支援。契丹萧太后率领数十万兵马朝着潘美、杨业的部队开了过来。因此,赵匡义下令全军后撤,在撤退的时候,将已经占领的四个州的百姓全部迁移到宋朝的土地上。为了保障安全迁出百姓,杨业建议主帅潘美说:"契丹兵强马壮,兵员是我们的几十倍,我们如果硬碰硬和契丹军队交手,肯定会失败的。"不料,监军王侁(shēn)却说:"将军您不是号称无敌嘛,怎么会害怕契丹呢?现在你看到契丹军队不去迎战,是不是心怀鬼胎呢?"听到这样的话,杨业非常气愤,大声说:"皇帝的命令是让我们保护迁移的百姓。现在我们主动迎战契丹大军,就没法保护百姓了,白白浪费士兵的性命,也没法建功立业报答皇帝的知遇之恩。不如由我率领着几千士兵去狙击敌人,你们带领大部队来保护百姓迁移,然后在中午的时候,率领军队来陈家谷这个地方接应我就可以了。"

为了完成拖延敌人、保护百姓迁移的任务,几千名士兵在杨业的带领下,作战勇猛,足足将契丹几十万大军拖住了半天时间。杨业感到狙击任务已经完成,因此下令士兵边战边退,朝着陈家谷的方

杨令公是对北宋名将杨业的誉称

京剧是国粹之一,其服饰很有特色

▲ 杨令公京剧形象

中国有很多宁死不降的将领,他们激励着一代代将士浴血沙场

向退去。下午的时候,杨业和手下仅存的数百名士兵到了陈家谷,却发现并没有军队来接应自己,感到悲痛不已。苦战半日,约定的支援没有到,契丹追兵紧随其后,战马也受了重伤,人困马乏,再也没办法前进,只能返身迎敌了。由于寡不敌众,杨业被敌人活捉了,杨业的二儿子杨延玉也战死了。

在敌人的军营里,杨业哀叹说:"陛下待我恩重如山,我却受奸臣所害,不能够建功立业报答陛下的恩情,自己也被敌人俘虏了,我还有什么脸面活在这个世上呢?"后来,杨业就绝食自杀了。

杨业死后,他的大儿子杨延昭又担负起了守卫边疆的重任,最终病逝于任上。孙子杨文广,一生戎马,也为宋朝立下了汗马功劳。

背负骂名的潘美

宋初名将潘美,长相英俊,风流倜傥。当他还没有做官的时候,就已经胸怀大志,准备博取天大的功名了。天公作美,少有大志的潘美,恰好遇见了后来的周世宗柴荣,做了柴荣的侍从。后周太祖郭威去世后,把皇位传给了养子柴荣。柴荣一继位,作为侍从的潘美马上得到提拔,当了一名供奉官。

柴荣刚继位,北汉就趁机与契丹联合出兵向南进攻后周。柴荣派兵抵御,最终后周军队取得了决定性的胜利,战后论功封赏,潘美的官职又得到了提拔。后来柴荣准备攻打甘肃和四川这些地方以扩大疆土,于是派潘美去指挥这些地区的战事。

作为柴荣爱将的潘美,在后来赵匡胤发动陈桥兵变的时候,却没有采取任何动作。赵匡胤很了解潘美这个人,也很信任他,于是在发动兵变之后就派潘美去见朝中官吏。朝中老臣看到连柴荣的爱将潘美都已经臣服了赵匡胤,也就很自觉地向这位新皇帝表示效忠了。

潘美虽然很受赵匡胤的信任,但在一开始他内

▲ 潘美

提起潘仁美,我们总是恨得牙痒痒,因为他是传统侠义小说中的大奸臣,是害死杨业的幕后凶手。

其实,潘仁美的原型叫潘美,河北大名人,他并不是我们印象中的大奸臣,而是北宋的一员名将,在战场上屡立战功,为宋朝的建立做出了很大贡献。

知识链接

南汉

南汉是五代十国时期的政权之一，位于今广东、广西及越南北部一带。

公元917年，刘岩（龑）登基称帝，定国号为汉，史称南汉。

▼ 北宋鎏金舍利瓶银龛

心还是忐忑不安的。有一次，赵匡胤派潘美去训诫一位在外任职的将军。这位将军为人比较残暴，胡乱杀人，在自己的管辖区域内胡作非为，赵匡胤担心这个将军叛乱，就让潘美带兵去解决掉他。潘美考虑到自己作为前朝皇帝柴荣的爱将，率领大军出去，肯定会受到猜忌，那样就很危险了。想来想去，他决定不带一兵一卒，只是单枪匹马赶到了那位将领的驻处。那个很凶悍的将军看到潘美单枪匹马来自己的驻地，心中就已经胆怯了一半，于是就乖乖地听从潘美的劝告，开始认真履行起自己的职责来，再也不胡作非为了。潘美不但没有受到皇帝的猜忌，还立下了大功。

公元970年，宋太祖赵匡胤准备出兵进攻南汉，就派潘美为大将带兵出征。南汉的领土主要在现在的广东和广西，那里天气炎热多雨，进攻很不方便。作为主将，潘美决定先进攻广西。短短几个月之内，潘美就占领了广西全境，然后又挥师广东。当时南汉的君主比较昏庸，所以手下也没有能臣战将。为了抵挡潘美的进攻，南汉的皇帝派大军把守韶关。韶关作为广东的门户，非常重要。几十万南汉大军驻守在比较险要的地方，而且在营寨前修建了很多木栅栏，派兵强攻即使能取胜，那也会带来很惨重的损失，这样对接下来的战事就不利了。面对十几万以逸待劳的南汉大军，潘美决定智取。潘美与手下的将领商议，决定采用火攻。战斗还没开始，他就派两队人马携带火把，偷偷潜伏到南汉大军的两侧，然后派兵从正面攻击。两军刚要交战时，埋伏

　　的士兵突然点起火把,点燃了南汉营垒前的木栅栏,火势顺着南风一吹,南汉十几万大军便不战自溃。

　　战胜归来的潘美,被赵匡胤加封为节度使。后来潘美又与别的将军一起领兵,攻灭了南唐和北汉。

公元986年，宋太宗赵匡义派大军进攻契丹占领的燕云十六州，结果出师不利，准备后撤。在撤退的时候，大将杨业被契丹军队活捉，后来绝食而亡。对杨业的死，潘美要付一定的责任，因此赵匡义将潘美降职三级，以示惩戒。公元991年，潘美去世。

对于杨业的战死，潘美确有过失，可是用这一次的过失来抹杀他一生的战功，也是不公平的。

> **知识链接**
>
> **南唐**
>
> 南唐是五代十国时期的南方政权。公元937年，徐知诰建立南唐，后来，徐知诰改名李昪（biàn）。
>
> 南唐幅员辽阔，经济发达，文化繁荣，是当时的重要政权之一。公元975年，后主李煜向北宋投降，南唐宣告灭亡。

 ## 高开低走的"咸平之治"

公元997年三月，宋朝的第二位皇帝赵光义病逝，他的第三个儿子赵恒继位当了皇帝，就是宋真宗。要知道这个皇帝来得十分的巧合，因为在赵恒前面有两个哥哥，但是本来被立为太子的大哥赵元佐疯了，后来被立为太子的二哥赵元僖得了暴病死了，于是，赵恒才在至道元年（公元995年）被立为太子。

即使这样，赵恒的即位之路也不是一帆风顺，在至道三年初，宋太宗已经病重，朝廷中为谋立新皇帝，展开了一番明争暗斗，李皇后和掌握权力的王继恩并不喜欢太子赵恒，所以联合了一些大臣，准备废掉太子，拥立赵元佐为皇帝。但是他们的阴谋被宰相吕端发现了，一天，吕端进宫看望宋太宗，这时的太宗已经处在弥留之际了，吕端看到太宗身边只有王继恩和李皇后，却没有太子赵恒，便怀疑王继恩耍花招，赶紧回到丞相府给太子写了一封信，让他赶紧进宫，以防不测。

很快，赵光义驾崩，宫中传来哭声一片。与此同时，李皇后让王继恩去把吕端叫来，准备改立赵元佐为帝。但吕端早就看出李皇后两人的盘算，于是当机立断，把王继恩关起来，并命人严加看守，自己则独自来到李皇后面前，以"先帝遗愿"为由，与她据理力争。最终，李皇后妥协了，赵恒得以顺利登基。

赵恒登基为帝后，第二年改元，和他久经沙场的伯父、父亲不太一样的是，赵恒从小就生活在深宫中，因此性格比较懦弱，没有什么开拓创新的决心和勇气。在他看来，坚持宋太宗晚年推崇的黄老无为思想，继续守成，是最好的选择。不过他的身边，有李沆、吕端、寇准等有能力的大臣辅佐，他本人即位之初也比较勤于政事，而且比较节俭，他在位期间，减免五代十国以来的税赋，减轻百姓的负担，因此社会相对来说较为安定。当时铁制工具的制作有了很大的进步，因此土地耕作面积一下子增加到5.2亿亩，要知道在宋太宗至道二年时，耕地还只有3亿亩左右。又引入了暹罗国的良种水稻，农作物的产量倍增，各项手工业、商业也都蓬勃发展，贸易繁荣，北宋在经济上进入了一个繁荣的时代，因此，后世的历史学家们将这段繁荣发展的时期，称为"咸平之治"。

遗憾的是，宋真宗在晚年时，也像历史上很多其他帝王那样，亲小人，远贤臣，变得好大喜功起来，身边围着一圈善于逢迎拍马却没有真才实学的小人。

> **知识链接**
>
> **发疯的赵元佐**
>
> 赵元佐"发疯"烧了皇宫以后，被宋太宗贬为平民，后来他的三弟即位，念及他是自己的同母兄长，又封了他官职和爵位。此后赵元佐一直活到了宋仁宗天圣五年（公元1027年）才去世，享年62岁。
>
> 有人认为其实他之前根本就没有疯，不过是在用装疯来躲过血腥的皇位之争罢了。

他们揣测出宋真宗爱面子，好大喜功，却又畏惧战争，于是假意上奏："幽、蓟两州苦辽国久矣，还请官家提兵北伐，洗刷澶渊之盟的屈辱！"

宋真宗摇摇头："天下才刚承平不久，怎可妄动刀兵？不可不可。"这时，宰相王钦若装模作样地说："既然如此，还请官家封禅，威压四海，慑服诸国！"

"请官家封禅！"王钦若的话音刚落，朝堂上的大臣们齐齐高声上奏，宋真宗感到意外的同时，心底也在暗暗窃喜：封禅既能宣扬自己的功绩，又不用打仗，何乐而不为呢？

赵恒心里痒痒的，但是又担心宰相王旦会反对自己这样做。这时王钦若又拍着胸脯表示自己已经将王旦说服了。赵恒听他这么说，心里还是有些不踏实，就将王旦召进宫里赴宴，宴饮正酣时，又命手下人取出一樽酒，赐给了王旦，对他说："这樽酒你带回去，和妻儿一同享用吧！"王旦回家后将酒樽打开，这才发现里面原来装的根本不是美酒，而是珍珠，都是特别华贵的，他这才明白了皇帝的用意，只得对即将到来的封禅闭口不言。

几天后，宋真宗在朝会上对大臣们讲："朕这两天总梦到一名鹤发童颜的仙人对我说'春天做个道场，赏你天书三篇'。于是朕依照仙人所说，建了一处道场。今儿早皇城司的探子来告诉朕，真有天书出现。"说完，宋真宗从龙椅上站起来，领着满朝文武走到宫门口，望天拜谢，然后把"天书"迎进了道场。宰相王钦若手拿一卷黄帛从队列中站出来，把黄帛展开，取出一轴，大声念出封口上面

> **知识链接**
>
> **封禅**
>
> 在古代，封建帝王会在泰山举行一种祭祀天地的仪式，这就是所谓的"封禅泰山"。为什么选择在泰山封禅呢？这是因为泰山在古人心目中有着"天下第一山"的地位，帝王只有在泰山封禅，才算得上真正的人间正统。

的一行字，大概意思就是说宋真宗受命于天，赵宋的统治千秋百代。大臣们虽然知道这事有猫腻，但还是恭贺宋真宗"天降祥瑞"。宋真宗见状喜形于色，在封禅泰山后，干脆不理朝政，放任王钦若等奸臣把持朝政。

澶渊之盟

太宗执政的后几年，大宋和辽国并没有发生战事，十分安定。但是宋太宗死后，宋真宗继位时，辽国便挑起事端，三番两次骚扰宋朝边境。

咸平二年（公元999年），辽国出兵骚扰宋朝边境，宋真宗立即任命马步军都虞侯傅潜为总指挥，出兵抗击。但傅潜却是个无能之辈，虽然手握八万重兵，却不敢出兵迎击辽国军队，手下部将纷纷请战，都被他制止了。

辽国大军在几乎没遇到任何抵抗的情况下浩浩荡荡地驶入河北境内。然而，辽国大军在攻打宋军守卫十分薄弱的遂城（今河北徐水）时，遭到了遂城守军的强烈反攻。守卫遂城的正是杨家的后人杨延昭。

辽国大军进攻遂城时正值隆冬，天气寒冷。杨延昭很清楚这点守军根本守不住遂城。于是，他让士兵们连夜往城墙上浇水，到第二天，城墙便如同穿上了一层厚厚的冰甲，敌军根本无法登城。辽国大军无法攻破，便去攻打其他地方了。其他城邑就没这么幸运了，祁（今河北安国）、赵（今河北赵县）、邢（今河北邢台）等地惨遭辽国大军践踏。辽国大军所到之处一片狼藉！

在这期间，宋真宗决定御驾亲征，从开封来到了大名府，不过并没起什么实质作用。因为此时辽国大军已经南下，渡过黄河，正在攻打齐（今山东济南）、淄（今山东淄博市南）等地。

于是，宋真宗命贝州、冀州行营副都署王荣马上率五千骑兵去追击敌人。王荣根本不敢去追击敌人，只是在听说辽国大军已渡过黄河后，才虚张声势地"追击"一番，然后就回去邀功了。

宋真宗非常高兴，还当场作了一首《喜捷诗》，群臣更是纷纷拍马屁，大呼"皇帝英明"！

没过多久，大宋王朝又迎来了更加艰巨的挑战。在几次试探后，辽国的统治者萧太后渐渐发现，这个表面风光无限的大宋帝国其实早已不如以前，不过是只纸老虎罢了。于是，公元1004年，辽国对大宋发动了一次规模空前的进攻，并很快向黄河边上挺进，直逼大宋都城开封。

宋真宗急忙派北面都部署王超驻军唐河，阻止敌军。王超虽然手里有兵，却始终按兵不动。面对前线不断送来的告急文书，宋真宗如坐针毡，不断询问朝臣："爱卿们，你们说该怎么办？"

朝中大臣在如何面对辽国进攻的问题上出现了两种意见：一种主张逃跑，另一种主张应战。其中，宰相寇准极力主张应战。寇准还认为宋真宗应该御驾亲征，以鼓舞士气，否则，只会使敌人长驱直入，大宋天下难保。

▼ 澶渊之盟

伟大的开端 | 澶渊之盟

宋真宗其实也知道逃跑的后果很严重，最后只得接受了寇准的建议，硬着头皮率军前往河北前线。

然而，宋真宗的队伍还没到澶州（今河南濮阳），前线情势就变得更加危急了。澶州被古黄河分为两部分，分别为北城和南城。当时，辽国已经打到澶州北城，一旦越过黄河，就会直逼开封。这时，许多人认为辽国兵强势盛，建议宋真宗不要过黄河。然而寇准则力主宋真宗过河，以鼓舞士气，克敌制胜。最后，宋真宗几乎是被寇准逼着渡过黄河前往北城的。

宋真宗御驾亲征虽然大大鼓舞了士气，可澶州还在辽国大军包围之中。宋真宗的亲征本来就毫无底气，要不是寇准一直拦着，他恐怕早就想跑回开封了。

辽国大军一路南下，多有战绩，但也死伤了几位重要将领，无力前进了。如果继续深入，恐怕胜算也不大。

公元1005年，宋辽双方经过讨价还价，在澶州城下达成了休战协议，史称"澶渊之盟"。协议约定：宋辽两国约为兄弟之国，辽国皇帝圣宗称宋真宗为兄；大宋每年要向辽国交纳白银10万两、绢20万匹。

闯关小测试

1. 宋朝第一个皇帝是（　　）
   A．赵匡义　　B．赵匡胤　　C．赵普

2. 杨业是一位猛将，他在投降宋朝之前，在哪个国家当官？（　　）
   A．北汉　　B．南汉　　C．西汉

3. 鼓励宋真宗御驾亲征，并取得战争胜利的是（　　）
   A．吕蒙正　　B．张乖崖　　C．寇准

参考答案：1.B　2.A　3.C

治世经邦

登基为帝的宋仁宗是一个贤名的君主，他选贤任能，大胆革新，勇敢挑起了振兴宋朝的重任。

仁宗一朝，能臣辈出。明君贤臣，为国为家，皓首穷经，将宋朝推向了巅峰。

继位的宋神宗较仁宗更为大胆，启用王安石等人，开始了宋代轰轰烈烈的"熙宁变法"。在保守派的百般围堵下，变法最终失败。经此大变，极盛的宋朝开始走向下坡路。

知识链接

宋仁宗的故事

宋仁宗是一个仁慈宽厚的好皇帝。传说有一天，他在吃饭时吃到一粒沙子，正好硌到牙齿，把他疼坏了。

伺候他用餐的宫女见状赶忙跪地请罪求饶，仁宗摇了摇手说："你起来吧，这件事情不要声张，要是被人知道可是死罪！"就这样，宋仁宗用自己的宽容之心救了那个宫女一命。

刘太后临朝听政

天禧四年二月（1020年），已经是病入膏肓的真宗再也无法支持日常政事，于是他下诏："此后由皇太子赵祯在资善堂听政，皇后贤明，从旁辅助。"他的皇后刘娥裁决政事的权力，就通过这封诏书得到了认可。乾兴元年（1022年）二月，宋真宗赵恒在延庆殿病逝，享年54岁，遗诏里这样说道："太子赵祯即位，皇后刘氏为皇太后，军国重事'权取'皇太后处分。"而这时小皇帝赵祯才十一岁，

治世经邦 | 刘太后临朝听政

实际上政务都是由刘娥处理。就这样，刘太后开始了长达十一年的垂帘听政，她也是宋朝第一位摄政的太后。

刘太后名叫刘娥，出身贫寒，小时候爸爸妈妈就都死了，后来她和银匠龚美一起来到京城，被当时还不是皇帝的赵恒看中。后来赵恒登基，将刘娥封为德妃。当时刘德妃的身边有一位宫女姓李，一次为真宗侍寝后怀了孕。后来宋真宗在和刘德妃散步时，她头上的玉钗掉了，真宗一边派人取回，一边心里祈祷道："如果玉钗完好无损，那么就会生下一个男孩。"这显然是后人胡扯的。

玉钗取回以后果然完好无损，而那个怀孕的宫女李氏也生了个男孩，但是这个孩子却被刘德妃要走了，她对外宣称这个孩子就是自己生的，这个孩子就是后来的宋仁宗赵祯。宋真宗并没有多重视李氏，后宫里的这些人，也不敢违背皇帝最宠爱的刘德妃的意愿。赵祯就这样以刘氏儿子的身份稀里糊涂长大了，对自己的真实身世一无所知。

大中祥符五年（1012年）年底，宋真宗将刘德妃立为皇后。刘皇后聪颖过人，再加上她非常喜欢读史书，又有不错的记忆力，所以在真宗生病以后，她逐渐开始插手朝政。

乾兴元年（1022年），她所谓的"儿子"赵祯即位以后，刘皇后变成了刘太后，垂帘听政，辅佐小皇帝。刘太后这时穿戴的礼服还有出入的礼仪，都和皇帝没什么区别，不过她颁布制令时没有称"朕"，而是称"吾"，她生日的那一天被定为长宁节，

知识链接

错把冯京当马凉

相传，北宋时有个士子叫冯京，他乡试第一，会试第一，所以在科举考试前，人们都料定状元必是冯京。张尧佐听到消息后，想把自己的二女儿许配给他。冯京鄙视张尧佐的为人，坚决不愿意。

张尧佐大怒，仗着大女儿被皇帝宠幸，安排主考官一定不要让冯京中状元。冯京灵机一动，在考卷上将自己的名字改为"马凉"，结果还是中了状元。主考官很无奈，只得对张尧佐说"错把冯京当马凉"。

这句话后来也成了谚语，比喻有眼不识真相。

普天同庆。文武百官还给刘太后上了一个和皇帝同样冗长的尊号——应元崇德仁寿慈圣太后，现在的刘太后，俨然是个没有皇帝之名但有皇帝之实的女皇帝了。

不过，刘太后没有像武则天那样，向前再迈一步。刘太后也曾经遇到了和武则天称帝前一样的情况：有人出于为自己求富贵的目的，上书请求刘太后按照武则天的旧例，为刘氏也建立七庙，但是没有被刘太后采纳。还有人献上了《武后临朝图》，明显是在劝刘太后称帝，但是刘太后很清醒，将这幅画给扔掉了，还说："这样辜负祖宗的事情，我绝对不会做的！"最终，刘太后坚持住了自己对礼法的尊重。

治世经邦 | 刘太后临朝听政

刘太后绝对是很有政治才干，她恩威并用，号令严明，在她垂帘听政的这十余年里，朝政是比较清明的。她的丈夫真宗一死，刘太后就把真宗后期那种荒诞的、举国疯狂的天书降临运动给画上了一个句号，那些所谓的天书，都被作为殉葬品，和真宗一起埋到了地下陪他去地下过瘾去了。

刘太后又将矛头指向了她丈夫晚年时，出现的那些祸乱朝政的奸臣们，比如那个"五鬼"之一的丁谓。这时的丁谓看到皇帝年幼，根本没有将刘太后一个弱女子放在眼里，他妄想独揽大权，欺上瞒下。没想到刘太后多年以来，早就将丁谓的不法举动调查得一清二楚，她先是将和丁谓勾结的宦官雷允恭处死，后来又罢免了丁谓的官职，贬谪去了地方。

当时结党营私是朝政的一大弊端，刘太后对此有她自己的办法，在一次封赏仪式上，她让大臣们报上一份自己的子女亲朋名单，大臣们傻乎乎地以为这是要广为提拔了，屁颠屁颠地纷纷上报。谁知道刘太后命人将报上的名单绘成了一份图表，挂在自己的卧室。每到有人举荐人才的时候，她就拿着名单去那张表上去找，只要是表上有的人，除非可以证明确有真才实干，否则一概不用。

她还专门下了一道"约束子弟诏"，让百官大臣们带头教训自己的子女亲朋，一定要奉公守法，违反者严惩不贷。她的这个办法，不仅整肃了朝政，对结党营私也确实起到了效果。

刘太后提倡节俭，惩治贪官，又将"献羡余"给禁止了。什么是"羡余"呢？就是除了定额的赋

知识链接

"狸猫换太子"

在包公的民间传说里，有一段著名的故事名叫"狸猫换太子"，其中那个心狠手辣的反派刘妃，原型其实就是刘太后。但是真实的刘太后并没有那么坏，相反她对李妃很好，在她病重时封她为宸妃，还按照隆重的礼仪安葬了她。

▲ 北宋繁昌窑青白釉托盏

税以外，官吏们巧立名目多收钱，大发其财，又把这笔横财里的一部分拿出来，贡献给朝廷，炫耀自己的政绩，以便捞取更多的好处。这种做法被刘太后给制止了，算是为宋朝百姓带来了实实在在的好处。

刘太后自己也很简朴，她当皇后的时候，穿的服饰就很朴素，后来做了太后依然这样，她的侍女们看到皇帝身边的侍女个个服饰华丽，觉得自己身为太后的侍女，却被人家给比下去了，就和刘太后说了，但是刘太后不为所动："那是皇帝嫔御才可以穿的，你们哪来的资格。"

可以说，刘太后这十一年的垂帘听政，为她的养子仁宗朝的兴盛，奠定了一个良好的基础。后世常常将她和汉朝的吕后、唐朝的武后并称，但是又说她"有吕武之才，无吕武之恶"，这是一个很高又很中肯的评价了。

> **知识链接**
>
> **不愿身穿天子服见先帝**
>
> 　　公元1033年，刘太后病逝，相传第二天，在皇仪殿召见群臣的宋仁宗大哭道："太后临终前数度拉扯身上衣服，可有什么心愿未了？"这时参知政事薛奎说道："太后一定是不愿先帝见她身穿天子服入葬。"仁宗顿时大悟，下令将皇后的冠服给太后换上，然后才下葬。
>
> **四字谥号的皇后**
>
> 　　宋仁宗为自己的养母上的谥号是庄献明肃（后来改为章献明肃），要知道皇后的谥号一般都只有两个字，仁宗的生母李宸妃的谥号是庄懿（后改章懿），也是两个字，由此可见仁宗对这位养母的敬重。

宋夏战争

当时在中国的西部和北部边陲分布着一些少数民族的部落，其中的一支名叫党项，他们占据了现在的陕北、宁夏还有甘肃一带，不过之前因为实力不强，名义上还接受大宋王朝的统治。

不过到了仁宗元宝元年（公元1038年），事情有了变化。

这一年，党项人的首领李元昊雄心勃勃，决定脱离宋朝，建立自己的政权"夏"（史称"西夏"），又写信给宋朝，希望得到他们的承认，从此以后双方是平起平坐的关系。

这封信震惊朝野，即便宋朝不喜欢动用武力，但是朝中还是有不少的大臣支持对这个西夏进行讨伐，收回政权。宋仁宗也当即下诏，将之前曾经赐予李氏的各种职位头衔通通革去，又准备集结大军，进攻西夏，就这样，持续三年的第一次宋夏战争由此爆发。

在这次仁宗朝的对夏战争中，先后出现了一大批宋代著名大臣的名字，比如范仲淹、韩琦等，后来都当上了宰辅的他们在这场战争中运筹帷幄，为将来执掌整个国家的权力积累了经验。

从1040年开始，宋朝和西夏之间一共有三次大的战役，分别是三川口之战、好水川之战和定川砦（zhài）之战。

宋康定元年（1040年）初，李元昊率大军进攻延州，宋朝马上命令将领刘平、石元孙前来救援，但这两万援军却在三川口陷入了西夏军的包围，最终全军覆没，随后元昊又乘胜猛攻延州七天，没想到天降大雪，担心后方有失的李元昊这才撤了军。这就是三川口之战。

第二年，李元昊又率十万大军进攻渭州，在遇到宋朝将领任福的迎击后，率领西夏军诈败，一路将宋军引入了好水川的埋伏圈，宋军再次大败，主将任福也死在了战场上。这就是好水川之战。

知识链接

互市

"互市"又叫"关市"，就是中原王朝在边疆地区开辟的交易市场，保护官府或者私人和边疆上的那些游牧民族进行商品贸易活动，互通有无，这样可以让游牧民族通过买卖、交换的方式获得自己生活所需的各种用品，也就减少他们对边境地区的袭扰。

不许宋使入夏都

庆历和议达成后，虽然李元昊向宋称臣，承认自己是"夏国主"，但是北宋每次派遣使臣到西夏，李元昊都不让他们进入到夏国的都城来，这样他就可以不用以臣子的礼节接待宋朝的使者了。

宋庆历二年（1042年），李元昊又兴兵进攻宋朝疆土，这次的经历和好水川之战很像，宋军又一次在定川寨陷入元昊的包围圈，全军覆没，史称定川寨之战。

战争打了三年，三次战役都是西夏获得了胜利，宋朝损兵折将。但是西夏毕竟只是一个游牧部落的小国，连年征战已经耗尽了西夏的财力，而在定川寨之战之后，李元昊派出奇袭关中的部队又被宋军消灭，宋朝这边已经将局势稳住了。所以，这时交战的双方都在考虑握手言和。

虽然战场上获得了胜利，李元昊的日子也不是很好过，双方一打仗，宋朝就将边境上的互市关闭了，这导致西夏境内的粮食等日常生活必需品奇缺，社会生活受到了严重的影响。而宋朝那边连吃三次败仗，虽然口头上喊着要重整军队、再来决斗，但是实际上早就不想再打了。

于是，庆历二年（1042年），李元昊将西夏皇族李文贵派去了宋朝京城——东京，和宋朝开始和谈，这边宋仁宗也暗示可以接受

西夏议和的建议，并让太师庞籍全权进行议和。

经过反反复复的交涉，宋朝和西夏在庆历四年（1044年）达成和议：西夏取消之前自立的帝号，向宋称臣，并接受宋朝的封号，李元昊称夏国主；宋朝每年要赐给西夏银5万两、绢13万匹、茶2万斤；另外，每年的各大节日时，宋朝还要赐给西夏银2.2万两，绢2.3万匹，茶1万斤；双方重开边境贸易。

这次议和，因为发生在宋朝的庆历年间，所以史称"庆历和议"。

"庆历和议"达成以后，宋朝和西夏双方结束了战争状态，宋朝通过互市也可以获得一部分河西良马，提高了军队的战斗力，西夏也得以休养生息。双方这样相安无事的局面持续了二十多年，一直到宋仁宗去世。

此后到了宋神宗、宋哲宗的时候，宋朝和西夏之间战事又起，和宋仁宗时屡战屡败不同，后来的宋朝在对西夏的战争中甚至逐渐掌握了主动权，但是到了宋徽宗的时候，北方边境的形势发生了巨大的变化，昔日的劲敌辽国已腐朽不堪，被逐渐兴起的金国取代，而和辽国仇深似海的宋朝联金灭辽，这就让西夏获得了宝贵的喘息时间。

而在靖康元年（1126年），灭亡了辽国的金国人撕毁了和宋朝的盟约，大举南下，灭亡了北宋王朝。而那个已经奄奄一息的西夏，居然又恢复了往日的疆域，宋朝和西夏的战争，最终也就以宋的失败而告终。

> **知识链接**
>
> **庆历增币**
>
> 宋朝屡败于西夏，北方的老对手——辽国也来趁火打劫，他们派大军压境，又派使者向宋朝索要关南十城，声称如果不给，那就不能继续"澶渊之盟"了。宋朝只好妥协，最终谈判的结果是将给辽国的岁币增加银十万两、绢十万匹，史称"庆历增币"。

庆历新政

在仁宗皇帝时期，宋朝和西夏进行的战争，还产生了另外一个后果，那就是"庆历新政"。李元昊脱离宋朝管制，自立为夏，和宋朝的战争一打就是三年多，这让北宋微薄的国力财力渐渐地难以为继，加上久战不胜，朝廷所承担的压力越来越大，朝野当中，有很多人通过这场战争，看到了朝政所存在的弊端，因此要求改革的呼声越来越高。

面对这样的形势，宋仁宗也开始担忧起国运来，他清醒地意识到，只有强内才能安外，只有固本才能宁邦，于是在第二年，他任命欧阳修、余靖、蔡襄等人为谏官，有很多大臣纷纷向宋仁宗提出改革弊政的具体方法，主要有王禹偶的"五事"、宋祁的"三冗三费"、文彦博的"省兵"、王安石的"万言书"、司马光的"三札"、范仲淹的"新政"等。这一年的七月，宋仁宗又让范仲淹做了参知政事，将富弼升为枢密副使。

范仲淹从小就胸怀大志，苦读诗书。他当年在应天书院求学时，有一次赶上了皇帝幸临应天府，不仅应天府万人空巷，应天书院的学生和老师们也都争睹圣颜，只有范仲淹一个人岿然不动，继续在

知识链接

只值两贯钱的夏竦脑袋

相传在宋真宗的时候，夏竦也曾被皇帝寄予厚望，到西北边境上主持对西夏的防务，但是夏竦其实根本不会带兵打仗。他想出悬赏的办法，宣布"谁能砍下李元昊的脑袋，赏钱五百万贯，封西平王！"

李元昊知道后也针锋相对地出了一道悬赏："谁能砍下夏竦的脑袋，赏钱两贯。"堂堂宋朝主帅的脑袋只值两贯钱，弄巧成拙的夏竦成为宋夏边境上的笑料。

那里读书。同窗们回来后问他为什么没有和他们一起一睹皇帝风采,范仲淹这样答道:"将来再去见也不晚。"从这个故事就可以看出,范仲淹是一个注定要干大事的少年英才。

之后,宋仁宗不断敦促范仲淹、富弼等人拿出改革的意见。范仲淹说:"天下积弊已经很久了,改革也不是朝夕之间就能完成的。"后来宋仁宗又在天章阁召见范仲淹、富弼,不仅破例赐座,还发给他们笔札,让他们直抒胸臆,陈述自己关于改革的看法。随后范仲淹根据自己多年的基层经验和对朝政的思考,向仁宗上了一道《答手诏条陈十事》,他一共提出了十条建议,都是要提高财税收入、增强军备力量、刷新吏治、提升效能的,除了修武备的那条外,其余九条均被宋仁宗采纳,在全国推行这些举措,这次改革因为是从庆历三年(1043年)开始的,

因此被后世称为"庆历新政"。

在这些改革措施里，大部分都是在革新"吏治"，就是通过"精兵简政"的手段，来减轻国家沉重的负担，这样就可以提高行政效率，最终达到富国强兵的目的。但是这些措施却影响了很多官员的既得利益，因此他们群起而攻之。有一次，范仲淹在翻看各路转运使的班簿，发现一个不称职的官员就用笔做个记号，进行撤换。枢密副使富弼看到以后，长叹一声："范公则是一笔，焉知一家哭也！"范仲淹答道："一家哭，何如一路哭！"路是北宋当时的行政单位，和现在的"省"类似，范仲淹的意思是让一个因为不称职而被撤的官员一家哭，总要比被他祸害的一个地区的百姓哭强，因此，他和富弼等主张改革的大臣们，也遭到了越来越多的非议和诽谤。

更要命的是，这时的仁宗也没有从前那样支持他们了，这让范仲淹陷入了非常尴尬的境地。而之前因为反对改革而被降职的夏竦，也一直在找机会报复范仲淹、富弼等人。他找来了支持新政的一位官员——石介写给富弼的书信，命自己的一个女奴苦心练习模仿石介的笔迹，在达到可以乱真的地步后，就将其中的一句话"行伊、周之事"改成了"行伊、霍之事"，虽然只是将"周"字改成了"霍"字，只改动了一个字，意思却有了大变化：这里的"伊"指的是商代的名相伊尹，周指的是西周时的周公，石介的本意是说让富弼向这两位大贤学习，忠心地辅佐皇帝，但是"霍"指的是汉朝的霍光，他曾打

> **知识链接**
>
> **放太甲于桐宫的伊尹**
>
> 伊尹是商代的大政治家，曾辅佐成汤一起推翻荒淫无道的夏桀，建立了商朝。成汤去世后，伊尹又先后辅佐了外丙、仲壬两位商王，仲壬死后，继位的是他的侄子太甲，他怠乱国政，因此被伊尹放逐到桐宫。
>
> 过了两年，太甲悔过自新，伊尹又将他迎接了回来，继续做商王。

着效仿伊尹的旗号，以皇帝无道为由把皇帝给废了，这样一改意思就变成了石介在鼓动富弼阴谋政变，废掉仁宗。

夏竦就以这封信为证据，向皇帝告发了范仲淹、富弼等主持新政的官员。仁宗开始对范仲淹等人不再信任，范仲淹、富弼害怕了，也主动上书仁宗，让他派他们去河北、陕西主持军事。宋仁宗当然就同意了，派范仲淹出任陕西、河东宣抚使，派富弼出任河北宣抚使。1045年初，范仲淹、富弼又接连遭贬，所有对新政表示支持的官员也都被贬了官职。就这样，"庆历新政"只推行了一年左右的时间，就宣告失败了。

重新爬上高位的夏竦还没有善罢甘休，后来那个石介因病去世了，而同时，一个叫孔直温的人策划了兵变，这个孔直温和石介是朋友。夏竦又抓住了机会，向仁宗进谗言说这次兵变就是由新政派们策划的，石介就是主谋，他根本没有死，而是被富弼派去了辽国，打算勾结外敌，里应外合，推翻宋仁宗。

宋仁宗这时也糊涂，一听就生气了，他曾在庆历五年（1045年）和庆历七年两次打算开棺验尸，看看他是不是真的死了，多亏了有很多官员出来作证，说自己都参加了石介的葬礼，他真的是死了，这才让宋仁宗的火气逐渐消了下去。

由此可见当时的北宋官场上，阻挠新政的实力有多么强大，手段又是多么的阴险，所以庆历新政很快失败也在所难免了。

> **知识链接**
>
> **晚年郁郁不得志的范仲淹**
>
> 庆历新政失败以后，范仲淹先后做过邓州、杭州、青州等地的知州，在每个地方都深受百姓的爱戴。范仲淹在名传千古的《岳阳楼记》中，表达了自己"先天下之忧而忧，后天下之乐而乐"的政治抱负。1052年，范仲淹病逝。

"守成贤主"宋仁宗

宋仁宗赵祯是真宗皇帝的第六个儿子，按理说太子是与他无缘的，但由于真宗皇帝宠幸刘皇后，赵祯也就幸运地被选为太子。

赵祯少年时，就很有天子气派。从小就被当作皇帝接班人而接受教育的赵祯，远离生母，在刘美人的监护下长大，所以懂事得很早，喜怒不形于色，表现得非常出色，被认为是一个非常合格的皇帝接班人。

公元 1022 年，宋真宗去世，赵祯继位为皇帝，就是宋仁宗。年纪尚小的宋仁宗虽然名义上是皇帝，但是因为他还没有成年，所有的大权都掌握在刘太后的手中。直到公元 1033 年刘太后去世后，仁宗皇帝才真正执掌朝廷大权。

宋仁宗登基后，实行休养生息的政策，不久就呈现出国泰民安、经济繁荣的景象。

仁宗对臣子宽宏大度，有一次，监察御史包拯在朝堂上和仁宗皇帝讨论一件事情，包拯太过激动，唾沫星子都溅到了仁宗皇帝的脸上和胡须上。朝堂上的大臣们看到了，都以为包拯这一次肯定会受到责罚，却没想到仁宗皇帝很大度地一边用袖子擦掉脸上和胡须上的唾沫，一边继续听包拯讲他的意见。

▲ 宋仁宗

还有一次，宋仁宗宠爱妃嫔张氏（温成皇后），想让她的伯父张尧佐担任三司使这一官职。然而，宋仁宗的这个想法遭到了时任御史的包拯的强烈反对。宋仁宗没办法，只得退让一步，打算封张尧佐为节度使。可包拯还是不同意，甚至还带领几名言官与皇帝发生了争执。宋仁宗十分生气地说："好你个包拯，节度使不过是个粗鄙的官职，你还想怎么样？"一名言官义正辞严地说："官家言重了，太祖、太宗都曾当过节度使，这个官职可一点都不粗鄙。"宋仁宗哑口无言，只得就作罢。

治世经邦 | "守成贤主"宋仁宗

　　宋仁宗御下宽仁，很为下人们着想。有一天，宋仁宗在宫中散步，忽然感到有些口渴，于是他回头瞧了瞧身后的随从，打量一圈发现没人带着水壶。他担心自己张口要水喝，会让随从受罚，于是强忍着渴意，踱步到了妃嫔那儿，才痛快地喝上水。

　　宋仁宗一生只生了三个儿子，全部早夭，到他四十多岁的时候，还没有确定太子，朝中众臣担心万一仁宗皇帝出现意外，而此时还没立太子，将会影响到国家的安定。但是劝诫皇帝选立太子，是一件很忌讳的事情，因此谁也不敢

说,最后经过韩琦的极力劝说,宋仁宗才选择立他的养子——北宋皇族赵曙为太子,也就是后来的宋英宗。

公元1063年,宋仁宗去世。仁宗驾崩的消息传出后,"京师罢市,巷哭数日不绝,虽乞丐与小儿皆焚烧纸钱哭于大内之前",洛阳焚烧纸钱的烟雾飘满了洛阳城,以至天日无光,偏远地区的人们也戴孝帽哀悼。宋仁宗是宋代历史上在位时间最长的一位皇帝,在他执政期间,任用了一大批能臣名将,比如韩琦、范仲淹、欧阳修、富弼、狄青等人;他在位期间,宋朝的经济发展迅速,文化、科技等取得了重大成果。由于他宽宏大量,知人善任,宋朝的发展达到了一个前所未有的新高度,因此后人赞美他是一个"守成贤主"。

宋英宗执政

一共在皇位上坐了41年的宋仁宗,在子嗣这件事上,却很不顺利,他自己的三个儿子全部夭折,所以他只能考虑其他人。景祐二年(1035年),他将一个三岁的男孩收为养子,交给曹皇后抚养,并赐名赵宗实。

赵宗实是濮安懿王赵允让的第十三个儿子。赵允让是宋仁宗的堂兄,据说他曾经梦见两条龙和太阳一起坠落,自己就去用衣服接着。还有人说,赵

▲ 宋代哥窑青釉双耳三足炉

曙出生时，突然一道红光把整个房间照亮，还有一条黄龙在红光中来回游动。不过，这些都只是在民间流行的传说典故罢了。

赵宗实聪敏好学，秉性纯孝。他每次去见学业上的老师时，总要把朝服穿上。这是因为他觉得，自己去见老师，必须以正式的礼仪相见。有一个宗室子弟向他借走了一条金带，后来还回来的却是一条铜带，管家告诉他这件事，赵宗实却说："这个就是我的带子啊！"也没有继续追究。他有一条犀带价值三十万钱，他让殿前侍者拿去卖掉，结果侍者把犀带弄丢了，他也没说什么。面对可能降临到自己身上的皇位，赵宗实实际上很不想要，曾多次找各种理由推辞。嘉祐七年（1062年），赵宗实被立为皇子，又改名为赵曙，他前往皇宫之前，还告诉自己身边的人："请谨慎地为我守好我的房间，皇上有了后嗣，我就回来。"

第二年（1063年），宋仁宗去世，赵曙正式继承了皇位，他就是宋英宗。这时赵曙正是大好年华，没人能够想到，他的这个皇帝也只当了四年，而在这短暂的四年里，除了生病，他也只做了两件事。

第一件事，就是处理和自己的养母——曹太后的关系。刚刚继位的赵曙就大病一场，不得不请求曹太后共同处理军国要事，于是曹太后开始了垂帘听政，在她的身边有些不怀好意的宦官总向曹太后说赵曙的坏话，导致两宫之间出现了嫌隙，关系紧张。后来在韩琦、欧阳修等大臣们的极力调解之下，

知识链接

死了手还动的宋英宗

治平四年（1067年），英宗赵曙驾崩，韩琦马上让皇太子前来，这时候英宗的手忽然又动了一下，当时也在场的另一位宰相曾公亮担心英宗没有死，他们都要背上大逆的罪名，于是提醒韩琦，不过韩琦不为所动，说道："先帝如果复生，就是太上皇。"

大祥和小祥

大祥和小祥是中国古代传统的丧礼，起源于周朝，在父、母丧后的一周年（也就是第十三个月）时举行的祭礼称为"小祥"；两周年（也就是第二十五个月）时举行的祭礼，称为"大祥"。

> **知识链接**
>
> **精明处理医官**
>
> 赵曙刚即位时,就通过一件事显示了他的精明。仁宗是暴亡的,所以医官应该承担一定的责任,赵曙将两位护理仁宗的主要医官逐出皇宫,贬去了边远的州县。其他的医官也担心自己被贬,就去赵曙那里为那两人求情。赵曙却说,他们俩都是两府派来的,这样的话我就不管了,让两府自行裁决吧。众医官这时都为这位新皇帝的精明与果断暗自吃惊。

两宫之间的矛盾渐渐地得到了缓和。治平元年(1064年),赵曙的身体好了,曹太后也就撤帘还政了。

赵曙亲政刚刚半个月,宰相韩琦等人就提议,要对赵曙生父的名分进行讨论,赵曙批示,等过了仁宗大祥再议,也就是等仁宗去世满24个月再说,这时距离仁宗去世已经有14个月了,就是说还要等10个月。治平二年(1065年),韩琦等人再提此事,赵曙这次下了诏书,让礼官和两制以上官员进行讨论,一场持久的论战由此引发,这就是北宋历史上有名的"濮议"事件。

所谓的赵曙生父的名分问题,就是赵曙应该怎样来称呼他的亲生父亲赵允让。关于这个问题,满朝文武分成两派,双方唇枪舌剑,争得不可开交,有的甚至痛哭流涕,以辞官不做来要挟。一方是以吕海、司马光为首的官员,他们认为赵允让是仁宗的哥哥,而英宗赵曙已经过继给仁宗,所以应该称赵允让为皇伯;但是以韩琦、欧阳修为首的宰执大臣却不这么想,他们觉得赵允让是陛下的生父,血脉承嗣,现在陛下一登基就改了称呼,难免会被天下人认为是寡情不孝,所以英宗应称赵允让为皇考(古代时对死去父亲的尊称)。

实际上,吕海、司马光他们的观点是符合古代的礼法要求的,而如果让英宗称其生父为"皇考",那么就离追封其为皇帝不远了,而这正是十分孝顺的宋英宗的想法,他要为自己的生父争一个名分。在两派的激烈交锋中,他发现如果得不到曹太后的支持，自己无法赢得这场论战的胜利。

治平三年（1066年）初，英宗在垂拱殿和中书大臣一起议事，议定称赵允让为"皇考"，又由欧阳修起草两份诏书，分别报送给皇上和曹太后。中午的时候，太后派了一个宦官到中书省送来了封文书，韩琦、欧阳修打开一看，还是欧阳修起草的那份诏书，曹太后已经在上面签押恩准。但曹太后怎么就同意了，此事的传言可多了，其中一种就是韩琦等人出的主意，由宋英宗请曹太后赴宴，趁其酒醉而误签诏书，等她酒醒了才知道诏书的内容，但是已经晚了。

但是此时那些反对的大臣们依然没有屈服,他们纷纷上奏,声称和韩琦他们势不两立。最终的结果是英宗不得不将他们这些反对的谏官们全部贬出京师,虽然最终英宗没有称其生父为"皇考",但还是称其为"亲",又将他的陵墓称为"陵",实际上还是让他和仁宗皇帝平起平坐。

在为生父争得了名分几个月后,赵曙又生病了,而且这次病得还很重。治平四年(1067年),韩琦请英宗"早立皇太子,以安众心",并递给他纸笔。英宗写下了"立大王为皇太子"七个字,但是韩琦说:"那么一定是颍王,烦请圣上再亲笔书写。"英宗只好又吃力地拿起笔,加上了"颍王顼"三个字,已是泫然泪下。韩琦这才又叫来翰林学士张方平,让其起草遗诏,第二天正式宣布赵顼为皇太子,十五天以后,英宗去世,赵顼即位,也就是宋神宗。

宋英宗赵曙虽然只当了四年左右的皇帝，但是他其实还是希望可以有一番作为的，并且也有了一番初步的措施，如继续重用韩琦、欧阳修、富弼等仁宗时的改革派重臣，就裁救积弊而征求大臣们的意见，广纳人才等等，只可惜的是天不假年。

王安石变法

神宗皇帝即位的第三天，他接到了三司使韩绛的奏报：从仁宗朝开始到现在，因为对西夏国的战争等事情的花费，已经将国库里百年来的积蓄都花光了，只剩下一叠账簿了，神宗这才知道自己继承的是怎样的一个烂摊子。

不过这时的神宗只有二十岁，是一个很有志气的青年。他从小读书就很用功，也喜欢动脑筋，他看到宋朝被辽国和西夏欺负，却没有反攻的力量，有心进行一番改革，他的梦想是成为唐太宗李世民那样的皇帝，做一番顶天立地的大事。不过，要改革现状，一定得有一个得力的助手才行。

神宗在还没当皇帝的时候，曾听一个名叫韩维的官员说过一些独到的见解，神宗称赞他，他却说："这些见解，我都是听我的朋友王安石说的。"尽管赵顼没有亲眼见到王安石，但已然对王安石这个人上了心。在打听了对方的一些事情后，更是好感顿生。于是，想改革的赵顼看中了王安石的才干，

知识链接

元丰改制的成效

赵顼主导的官制改革，的确裁撤合并了一些闲散的官员和机构，为宋朝每年节省了两万缗的开支，这一点就让神宗沾沾自喜。但是事实上他的改革不过是表面上的撤并合，并没有从根本上动摇官员体制中相互制约的体制，机构与官员数量依然十分庞大，依然是国家财政沉重的负担。

王雱

王雱是王安石的儿子，自幼就非常聪明，好学上进。在政治上，他支持父亲的变法，不过也卷进了党争之中，在与政敌吕惠卿的权力争夺战中弄巧成拙，好心办了坏事，为父亲惹来了不少麻烦，最终在愤恨、内疚中死去，只有33岁。

特地把他从江宁调回开封,作为自己的改革先锋。

王安石是江西临川人,他从小就跟着做官的父亲走过很多地方,增加了阅历,同时他也很喜欢读书,经常是吃饭睡觉的时候,都不肯把书放下。王安石在22岁就考上了进士,不过他不愿意做京城里的官,认为太无聊了,他更愿意去做地方官,真正做一点事情。他27岁时,在鄞县当了县令,正赶上这里遭灾严重,百姓生活十分困难,王安石主持兴修水利,改善交通,治理得井井有条。他还打开官仓,将粮食借给断了口粮的穷人们,让他们在秋收后加上利息再偿还,这样就让农民不再受那些豪强大地主的盘剥了。

王安石一直在地方做了二十年官,他的名气也越来越大,后来被宋仁宗调到京城来管理财政,他便趁机向仁宗上书,陈述改革财政的想法。没想到刚刚结束"庆历新政"的宋仁宗现在一听改革就脑袋疼,直接把王安石的奏章扔到了一边。王安石清楚朝廷现在根本没有改革的决心,就找个借口辞职回家了。

这一回他接到宋神宗的诏书,又听说了皇帝现在正物色改革的人才,就高高兴兴地来到了京城。君臣相见,谈得十分投机,两个人都有改革朝政、富国强兵的决心。神宗十分信任王安石,就在第二年,也就是熙宁二年(1069年)二月,任命他做了参政知事,让他来主持改革。

王安石认为当时最紧要的,就是要改变社会风气,将法律和制度健全起来,他就从

> **知识链接**
>
> **王安石《泊船瓜洲》**
>
> 京口瓜洲一水间,
> 钟山只隔数重山。
> 春风又绿江南岸,
> 明月何时照我还。
>
> 诗中第三句原本是"春风又到江南岸",王安石觉得不好,于是又改成"过",读了还觉得不行,又改成"入""满"等字,陆续换了十多个字,最终才决定用"绿",这首诗立刻活了起来。

▼ 王安石故居

这几方面着手,先后制定颁布了"免役法""青苗法""农田水利法"等改革措施。

王安石依据自己做鄞县县令时的经验,制定了"青苗法":一年里,老百姓可以向地方官府借两次钱,半年之内归还,如果借 1000 钱,就要多 200 钱的利息。这个利息可比高利贷要少得多了,同时这项措施还增加了官府的收入,断绝

> **知识链接**
>
> **王安石用人不当**
>
> 用人不当是熙宁变法不得人心、最终失败的主要原因之一。在变法派中，除了首领王安石的个人品德十分高尚以外，其余的如吕惠卿、曾布、邓绾、蔡京等人，在个人品质上基本都有问题，有的在当时就有小人之名。

了那些放高利贷的地主官僚们的财路。"免役法"规定，轮到差役的人家出一部分钱就可以不去服役，这个钱就叫"免役钱"，政府用这些钱去雇人服役。这个规定减轻了人民的劳役负担，保证了农民有充足的时间为自己家劳动。"农田水利法"则是一项政府鼓励各地兴修水利、发展生产的措施，那些为国家积极修筑堤坝河渠的人，国家会给予奖励，那些缺少资金的地区，国家还为其提供低利息的贷款。此外还有重新丈量各地的土地，按田地的多少和好坏收取地税的"方田均税法"，针对社会治安和军事方面的"保甲法"，等等。

这些"新法"增加了国家的财政收入，初步地改善了宋朝积贫积弱的局面，同时也限制了大官僚大地主们的政治和经济特权，因此从改革一开始，王安石就遭到了一些大官僚大地主的攻击。还有一些思想保守的官吏从保护自己利益的角度出发，更是不断上疏弹劾王安石，甚至不惜编造谣言，来污蔑他。再加上王安石推行新法心切，有些措施的推行确实在执行的过程出现了弊端，需要进行修正。

在熙宁六年（1073年），全国好多地方都发生了重大的自然灾害，尤其是河北一带，出现长达10个月的干旱，田地干裂，庄稼颗粒无收，百姓纷纷逃亡。守旧的官僚们自然不能放过这个机会，他们都说就是因为王安石变法惹恼了老天爷，才会发生这么严重的旱灾，这是上天的惩戒。还有一个人专门画了一幅"流民图"，描绘了饿殍千里的惨相，想方设法送到了神宗的手上。看了"流民图"的宋神宗也有点动摇了,再加上他的祖母曹太皇太后和母亲高太后的进言,说"祖宗的法规不可以改变",就暂时免去了王安石的职位,让他回到江宁休养。

两年后,王安石又重新回到京城当了宰相,不过这时他改革的决心已经被尔虞我诈、勾心斗角的党争消磨得没有那么坚定了,特别是在他的爱子王雱死去后,他更是十分伤感、心灰意冷,多次向神宗要求辞职。此时他们君臣之间的关系,也没有早年那样亲密无间了,最终在熙宁九年(1076年),王安石又回江宁养病去了。

王安石罢相出朝以后,因为还有主张改革的神宗皇帝赵顼在,此后一直到元丰八年(1085年)赵顼去世前,熙宁新法的主要措施都还在一定程度上推行

着，不过有部分内容进行了调整。这里面最重要的，就是针对当时政府冗官现象突出，行政效率低下，财政支出过于庞大的局面，而推行的官制改革，因为发生在元丰年间，所以被后世称为"元丰改制"。

神宗皇帝去世后，保守派司马光上台，将新法统统废除。轰轰烈烈的王安石变法也以失败而告终。

> **知识链接**
>
> **只吃粗茶淡饭的范仲淹**
>
> 范仲淹上学时，有个大官的儿子和他同窗。这个大官经常听儿子夸范仲淹不一般，便命人送给他一些食物。
>
> 过了几天，大官的儿子发现食物还没有食用，都发霉了。他儿子很生气，范仲淹解释说："我吃惯了清淡的饭，这些美味佳肴我怕消化不了。另外，一旦尝了这些饭菜，我恐怕再也不愿吃自己的粗茶淡饭了。"

断齑划粥的范仲淹

北宋名臣范仲淹很小的时候，父亲就去世了。因为家境贫寒，范仲淹的母亲无力抚养范仲淹，就带着范仲淹改嫁到一户姓朱的人家，因此范仲淹也改名为朱说。成年之后，范仲淹从母亲那里听说了自己的身世，感到很难过。他就辞别了自己的母亲，一个人跑到河南去求学。

范仲淹念书的时候，借宿在一个寺庙当中。由于缺钱，吃不到可口的饭菜，范仲淹只能顿顿吃小米粥，而且还吃不饱。为了把煮饭的时间也用在读书上，范仲淹每次做饭就取两升小米，放在锅里面熬煮，隔夜粥凝固后用刀切成四块，早晚各吃两块，用切碎的咸菜来下饭。就在这样艰苦的环境里，范仲淹坚持读书，从来没有间断过。

二十七岁那年，范仲淹以朱说的名义考中了进士，被朝廷派到一个地方去担任管理诉讼的九品小官。他把自己经手的每一个案件都审理得清清楚楚，从没有错判过一个案子，更没有徇私枉法的事情，因此受到朝廷嘉奖，官职得到提升。不久，范仲淹的母亲去世了，范仲淹为母亲守丧三年期满后，就归宗拜祖，恢复了自己以前的姓氏和名字。

宋仁宗听说了范仲淹以往的政绩，就把他征召到京城任职，让他来管理朝廷的图书典籍。他一直以来对国家大事都很关注，经常上书仁宗，提出一些对国家有利的建议。有一年夏天，河南河北一带旱灾严重，范仲淹奏请朝廷派官员去视察灾情，仁宗没有理会他。范仲淹大声地质问仁宗道："如果皇宫里面半天没有饭吃，陛下您会怎么办呢？"仁宗这时才醒悟过来，马上派人去视察灾情，并减免了河南河北当年的税赋。

范仲淹宦海沉浮，经历了各种大风大浪。但对于他而言，这一生有两件事意义重大：一是御边，二是新政。

公元1040年，宋仁宗在位时期，西夏军队悍然入侵，大宋边境告急。在这危急关头，宋仁宗委任范仲淹负责战事。范仲淹虽然算是一名文官，但在军事方面一点也不弱于专门的武将。抵达前线后，范仲淹积极整顿军备，坚持以守代攻的策略，绝不给西夏机会。

然而，范仲淹的抗夏策略并没有得到朝堂上衮衮诸公的理解，他们认为堂堂大宋，面对番邦蛮夷时，怎可困守于城寨呢？急于求成的宋仁宗也很不理解，于是选择了主动出击，却迎来了一场大败，差点令战局彻底崩盘。所幸宋仁宗及时悔悟，重新采纳范仲淹的战略。

> **知识链接**
>
> **西夏政权**
>
> 西夏是党项人建立的政权，因其地处西方，所以被宋朝人称为西夏。
>
> 公元1038年，李元昊称帝建国，西夏正式建立，并且在与宋、辽的战争中屡次获胜。
>
> 李元昊去世后，西夏内部多次发生内乱，势力有所衰弱。金朝崛起后，西夏臣服金朝，获得不少土地，转而又兴盛起来。

▲ 宋钧窑月白釉出戟尊

宋仁宗派人赈灾

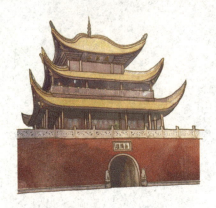

▲ 岳阳楼

而之后的种种事情证明，范仲淹的决策是正确的。在宋军积极防御的情况下，西夏损兵折将，没有占到丝毫便宜。

有感于朝廷内部官员冗杂，边关强敌环伺，范仲淹提出了一系列改革措施。改革内容涉及政治、经济、军事等各方面，核心是整顿吏治。范仲淹寄希望于整顿吏治，想通过这一次政治改革来挽救宋朝的危急。这次新政打击了一些不法官吏，极大地震动了整个官僚阶层，于是官僚集团大力反对这次新政，尤其是夏竦（sǒng）采用险恶的手段来陷害范仲淹、富弼等人，最终范仲淹等主持新政的官员全部外出做官，新政完全失败。这就是历史上著名的"庆历新政"。

新政失败后，反对派上台主持朝政，范仲淹在京城待不下去了，被派到邓州任职。他治理邓州三年，邓州境内道不拾遗，人民安居乐业。在治理邓州期间，范仲淹还写下了著名的《岳阳楼记》。

后来，忧国忧民的范仲淹，病情加重，不幸逝世了。"先天下之忧而忧，后天下之乐而乐"是范仲淹最真实的写照，也为后世的读书人和官员做出了一个表率。

> **知识链接**
>
> **岳阳楼记（节选）**
>
> 　　嗟夫！予尝求古仁人之心，或异二者之为，何哉？不以物喜，不以己悲。居庙堂之高则忧其民，处江湖之远则忧其君。是进亦忧，退亦忧。然则何时而乐耶？
> 　　其必曰"先天下之忧而忧，后天下之乐而乐"乎。噫！微斯人，吾谁与归？

孝顺刚正的包拯

历史上总是有这么两种人，一种是流芳千古，另一种则是遗臭万年。流芳千古的历史名人，是

治世经邦 | 孝顺刚正的包拯

因为他在某个好的方面，常人难以企及，比如文采斐然、忠心耿耿、武功超群、至孝至纯、刚正不阿等。北宋年间的包拯，就属于至孝至纯、刚正不阿的这一类历史名人。

包拯是安徽合肥人，二十八岁那年考中进士，被朝廷派到江西修水县做县令。

中国古代的官吏在赴任的时候，家境好一些的，如果要去的地方路好走，环境也好，大多数会带着自己的父母一起去赴任；家境贫寒的实在没办法，或者是即将赴任的地方路途遥远艰难，贫瘠又充满危险，就只能忍痛含泪丢下父母妻儿，只身去上任了。

这一次，包拯要去的修水县，地处江西，因路途遥远，地方民风彪悍，所以包拯是没办法带着自己的父母亲一起去赴任的。至孝至纯的包拯一想到父母年老，自己跑到那么远的地方做官，就没办法来侍奉他们了，这实在是一件很不孝顺的事情。

因此包拯请示朝廷，能不能给他换一个离家近一点的职位，这样好服侍自己的父母。皇帝被包拯感动了，因此就派包拯去安徽和县管理税务。但是，包拯的父母却不愿意离开自己的家乡，更不希望包拯离开自己。实在没办法了，自古忠孝不能两全，父母年迈，只能先尽孝后尽忠了。孝顺的包拯索性辞掉朝廷任命的官职，在家安心地侍奉自己的父母。

几年之后，父母相继去世了，包拯就在他们的坟墓旁边修了一个很简陋的草庐，住在里面，为父母守丧三年。按照古代的礼仪，在父母的坟墓旁边结庐守丧三年是最孝顺的表现。三年守丧期满，包

▲ 包拯

包拯铁面无私，敢于惩治贪官污吏，为民申冤，被后人称为"包青天""包公"。包拯在京师的名气很大，《宋史·包拯传》中有"关节不到，有阎罗包老"的描述。

拯还想继续守下去，当地的父老们知道包拯是一个大孝子，他们担心包拯一直守下去，太过于伤心就不好了，因此就极力地劝慰包拯，希望包拯在守孝期满后去做点别的事情，最终包拯被说服了。

守丧结束不久，包拯就去东京等候朝廷的选用，结果被封到安徽的一个小县城去做县令。一天，有一个农民哭着向包拯上诉说有人割了他的耕牛的舌头。因为古代耕牛是比较贵重的，为了保护农业发展，是禁止屠杀耕牛的。现在耕牛的舌头被割掉，耕牛就会死掉的。耕牛一死，既损失了财产，又触犯了朝廷法令。

包拯详细询问了农民一些情况，就知道是仇家陷害，苦于没有证据来找到那个害人的，包拯心生一计，就对农民说："你回家去把耕牛杀了卖肉吧。"农民就哭着走了。

过了几天，有人击鼓告状说某某人私自屠杀耕牛卖肉。这个告状的人自以为

枷锁是古代束缚犯人的工具，多为木质，重量较大。戴上枷锁后，再厉害的犯人也很难逃逸

奸诈狡猾，没想到一下子掉进了包拯前几天设好的圈套。包拯惊堂木一拍，大声叱问告状的人："你为何割了别人的牛舌头还要状告别人？"告状的恶人听到包拯的叱问，知道包拯已经对自己做的事了解得一清二楚了，只能够如实地坦白了。包拯就将这个人重重地责罚了一顿，让他给那个农民赔了一头耕牛。

后来，包拯去广东的端州做知府。端州自古以来就是出产砚台的地方，当地的端砚材质细密，做工考究，因此成为读书人梦寐以求的砚台。朝廷命令端州每年要上贡一定数量的端砚给皇室用。以前在端州任职的官吏，打着为朝廷进贡的幌子，强迫当地百姓做更多砚台，以满足自己的私欲。包拯到端州任职，除了给朝廷进贡砚台之外，自己一个都没拿，使用的砚台都是很普通的。

在地方为官多年后，包拯被朝廷征调做监察御史。包拯在做监察御史的时候，前面说过，宋仁宗想任命自己宠妃的伯父张尧佐为三司使、节度使等很重要的官职，就是包拯拼命阻挠的。宋仁宗架不住刚正的包拯连番进谏，张尧佐迫于无奈，辞掉了仁宗皇帝的任命。其间，包拯还揭发了一些贪官污吏，提出了一些非常有远见的建议，而且大部分建议都被朝廷采纳并实行了。

因为自己举荐的人犯了罪，包拯受到牵连，被派去开封做知府。开封作为北宋的首都，达官贵人、皇亲国戚满街都是。这些人仰仗着自己的权势为非作歹，以前的开封府知府害怕这些人的权势，不敢

> **知识链接**
>
> **砚洲包公楼的传说**
>
> 砚洲包公楼位于今天广东省肇庆市砚洲岛东。相传，包拯曾在肇庆（宋称端州）为官。某天，奉旨坐船回京的包拯忽然遇到狂风恶浪。
>
> 包拯感到很疑惑，心想自己两袖清风，怎么渡河时江河汹涌？经过一番调查后，他才发现是自己的随从临行前收了别人一方端砚。
>
> 包拯见状叹了口气，立刻把端砚扔到水中，登时风平浪静。而那方端砚径直变成一处沙洲，即"砚洲"。

去招惹他们，只能睁一只眼闭一只眼。

京城的达官贵人为非作歹，任意更改地契，还随意在流经京师的惠河上修建花园，堵塞河道。每到雨季来临，因河道阻塞，河水泛滥，惠河两侧的人民饱受其害。包拯上任之后，巡访民情，知道了这件事，所以下令士兵拆除河道中的一切私人建筑。这些建筑的主人都拿着修改过的地契来找包拯，包拯亲自去丈量他们的土地，然后严厉处罚了这些人。惠河河道疏通后，再也没有泛滥，河两边的人民又能够安居乐业了。

由于包拯一生铁面无私、刚正不阿，所以天下人都知道包拯的大名。包拯去世，消息传遍全国，人们悲痛异常，自发悼念他。

> **知识链接**
>
> **孟母三迁**
>
> 孟子很小的时候，他的父亲就去世了，与母亲相依为命。
>
> 有次，他们搬到墓地旁居住，孟子就和附近的小孩一块模仿大人哭拜的样子，玩着各种与丧事相关的游戏。孟母见后，认为这样不利于孟子的成长，便再次搬家，来到市集旁边。
>
> 这一次，孟母发现自己的儿子居然学起市集里的商人，像模像样地做起了"生意"：他把商人面对客人时迎来送往、讨价还价的样子学了个十成十！孟母见状，知道这儿的环境也不适合孟子成长，于是把家搬到了学校附近。
>
> 由于学校是讲究文明礼节的地方，孟子在潜移默化中也变得很有礼貌，更喜欢读书。孟母见后，高兴地说："这里才是我们应该来的地方啊！"

醉翁欧阳修

一个人成才与否，除了靠他自身的努力，与家庭的教育也有很大关系。春秋战国的时候，孟子的母亲为了让孟子能有一个好的成长环境，三次搬家，最终找到了一个理想的地方安居下来，这为孟子的发展打下了坚实的基础，这就是历史上著名的"孟母三迁"的故事。

继"孟母三迁"之后，又出现了几个类似的故事，比如"画荻教子"的故事。

"画荻教子"说的是欧阳修的母亲教欧阳修写字读书的事情。欧阳修四岁那年,父亲不幸病逝,家境贫寒的欧阳修家没有钱请老师教欧阳修读书写诗。幸运的是,欧阳修的母亲出身大家闺秀,读书写字样样精通。没有钱请老师,欧阳修的母亲就只能自己担负起教欧阳修写字的任务了。他们家里没有纸墨笔砚,欧阳修没法像别的孩子一样用毛笔在纸上写字,练习写字就遇到了困难。欧阳修的母亲为此苦恼了好久。突然有一天,她看到沙地上鸟儿的脚印,就想出一个办法:折一根类似芦苇的荻草杆在沙地上写字,这样写的字既清晰,又可以直接擦去,很是方便。欧阳修的母亲每天空闲的时候就会在沙地上拿着荻草杆教欧阳修写字。

因为从小受到母亲的教诲,欧阳修很喜欢读书,他没有钱买书,就向村里的读书人借,村里的书他都借着看完了,就向乡里的读书人借。借来的书欧阳修不光要看,遇到好书他还要自己亲自抄写下来。

欧阳修在参加进士考试的时候,因为他的文章写得极为出彩,考官们本想把欧阳修的文章选为第一名,但是经过认真思考,觉得这个人写文章锋芒毕露,选

欧阳修的书法神采飞扬,被后人称赞,这或许与母亲的画荻教子有很大关系

这就是 中国历史 宋

▲ 欧阳修

欧阳修是北宋著名的政治家、文学家，在政治上有较高的威望。

由于在文学方面造诣非凡，后人将他与韩愈、柳宗元和苏轼并称为"千古文章四大家"；与韩愈、柳宗元、苏轼、苏洵、苏辙、王安石、曾巩合称为"唐宋散文八大家"。

知识链接

醉翁亭记（节选）

环滁皆山也。其西南诸峰，林壑尤美，望之蔚然而深秀者，琅琊也。山行六七里，渐闻水声潺潺而泻出于两峰之间者，酿泉也。峰回路转，有亭翼然临于泉上者，醉翁亭也。作亭者谁？山之僧智仙也。名之者谁？太守自谓也。太守与客来饮于此，饮少辄醉，而年又最高，故自号曰醉翁也。醉翁之意不在酒，在乎山水之间也。山水之乐，得之心而寓之酒也。

为第一名会使他骄傲，这样不利于欧阳修的成长，因此就把欧阳修的文章选为第十四名。幸运的欧阳修刚刚金榜题名中了进士，就被自己的恩师胥偃选为乘龙快婿。做了官之后，欧阳修又很幸运地遇到了一位非常好的上司。在官场任职，有些上司严苛异常，属下做事处处都受到约束；有些上司则很开明，处处帮助下属。欧阳修遇到的钱惟演正是一位开明的上司。钱惟演看了欧阳修等属下写的文章，认为这些人很有才华，将来一定是了不起的人物。在工作的时候，钱惟演对欧阳修等人管理得不是很严苛，反而支持欧阳修等人去游山玩水，写写文章。当时最流行的文章，都是辞藻华丽、空洞无物的文章。欧阳修等人认为这些文章虽然受到时下欢迎，但并不是真正的好文章，他决心改变社会上这种写文章的风气，准备写一些通俗易懂又不失风雅的文章。

由于欧阳修的文章写得太出色了，皇帝多次任命他为主考官，来为朝廷选拔人才。欧阳修在担任主考官的时候，提拔了苏轼、苏辙、曾巩等人，这些人后来都成为中国历史上有名的人物。唐宋八大家中宋朝的五个人都出自欧阳修的门下，由此可见欧阳修看人的眼光是多么厉害。

为官几十年，欧阳修的仕途并不顺利。1045年，他因为支持范仲淹主持的"庆历新政"，被贬到安徽滁州做太守。

在滁州做官的时候，欧阳修在当地实行很宽和的治理政策，还经常纵情山水。政策宽和，人民都安居乐业，滁州被治理得井井有条。在纵情山水之中，

治世经邦 | 醉翁欧阳修

欧阳修还写就了千古传诵的散文《醉翁亭记》，至此，欧阳修写文章的水平达到了最高境界。1049年，欧阳修被调回京城继续在朝廷中任职。

五年后，欧阳修被人诬陷，又要被贬到外地任职，在他即将离开东京的时候，皇帝实在舍不得他离去，就对欧阳修说，你就留下来编写史书吧。于是欧阳修就留在东京，主持编写《新唐书》，在工作之余，又一个人编写了《新五代史》。

欧阳修是北宋历史上一位文坛领袖。他靠苦读成才，终于成为文章传流千古的大家；他锐意进取，开创了一代文风；他慧眼识真提携后进，桃李满天下。

亭子是有顶无墙、供休息用的建筑物，多建筑在路旁或花园里

"面涅将军"狄青

宋朝的时候,为了防止士兵逃跑,就在士兵的脸上刺字。大将狄青是从普通士兵一步步做到枢密副使的,他的脸上有做士兵时被刺上的字,因此被称作"面涅将军"。

狄青小时候就很有担当,他哥哥与别人打架斗殴,要受到官府的处罚。狄青为了保护他的哥哥,就代替哥哥接受处罚。

接受完处罚之后,狄青就去当兵,一开始狄青是骑兵,每天练习骑马射箭冲锋,后来又被调去守卫皇宫。当时西夏国主李元昊反叛,边关战事紧张,朝廷派军队去守卫边关,任命狄青为一个小军官,率领一些士兵去守卫陕西边境。

在宋朝与西夏的战争中,宋军总是被西夏军队打败,导致士气低落,再加上军人地位低下,军队的将领治军无方,宋军完全就像一盘散沙。

狄青第一次参加战斗的时候,身边的士兵一个个都贪生怕死,不敢冲锋,他却总是充当先锋,冲在军队的最前面,有些士兵看到狄青打仗很厉害,也就跟着狄青冲锋,一来二去,很多士兵都愿意跟着狄青一起打仗。渐渐地,宋军和西夏军队交手,就变得输少赢多了。每次打仗,狄青冲锋在前,都会受伤。有一次,狄青在战斗的时候受了重伤,就在部队驻扎的营垒里休息,突然接到报告说西夏军队来攻打宋朝的边关了。狄青顾不上身上的伤,马上站起来穿上铠甲骑着马就奔赴边关去了。

狄青在作战的时候,经常是脸上带着一个青铜面具,披散着头发,骑着战马勇猛地冲锋。

因为狄青作战勇猛,每次都能够取胜,他的名声传遍了边关大地,陕西经略使范仲淹听说了狄青的威名后,马上召见他,希望和他交流一番。范仲淹见到狄青之后,认为狄青是一位不可多得的将才,但是没读过书,就希望狄青能够好好读书,在将要分别的时候他送给狄青一部《左氏春秋》。这部书中详细记载了中国古代名将统领士兵的方法以及作战的战略战术,对历史上的每次战斗都做了详细的记录。

古代戴面具的著名将军有三位:①兰陵王,东魏权臣高澄四子。曾在"邙山大战"中率领五百轻骑突破北周十万大军重重围困。②北宋狄青。③南宋扈再兴,一生志在抗金,最终积劳成疾而死

> **知识链接**
>
> **昆仑关**
>
> 昆仑关位于今广西南宁市境内，传说是由汉代的伏波将军马援建立的，至今已有一千多年。
>
> 昆仑关易守难攻，地势十分险要，乃兵家必争之地，被称为"南方天险"。

狄青听取了范仲淹的劝告，每次战斗结束休息的时候，他就利用这个时间读书，研究兵法阵法，为后来名扬天下打下了基础。

狄青在与西夏的战斗中立下了赫赫战功，后来宋朝与西夏议和，狄青就被调到朝廷担任枢密副使一职。

狄青刚刚担任枢密副使的时候，广西的一位少数民族首领侬智高起兵造反，占领了广西的大部分地方，自立为皇帝，并且派兵围攻广州。宋仁宗派去攻打侬智高的军队因为轻敌，都被侬智高打败了。接二连三的失败，导致宋军士气低落，溃不成军。宋仁宗因此忧心忡忡，不知道该派谁去剿灭侬智高。这时候，刚刚担任枢密副使三个月的狄青主动请缨，希望由自己带兵出征。宋仁宗非常高兴，亲自设宴为狄青践行。

到达前线的狄青发现宋军纪律涣散，士气低落，根本不可能开到前线去打仗。因此他马上着手整顿军纪。狄青经过调查，抓住了几个不守纪律的将领，并且将他们斩首示众，士兵们看到新上任的长官执法严明，就再也不敢胡作非为了，将领们看到往日的同僚因为不守规矩而被杀，也吓得心惊胆战，不敢随便违反军纪了。

由于侬智高的军队占领了"东南第一天险"昆仑关，狄青想正面攻击昆仑关，又担心打不下来，会损失惨重得不偿失，而如果绕过昆仑关去攻打侬智高的主力部队，又怕被驻守昆仑关的敌军袭击部队的后方。

狄青前思后想，想出了一条妙计。为了不让敌军发现自己的真实意图，狄青调集了大量的粮草，然后下令士兵们开怀宴饮，享乐三天。敌军侦察到狄青的一系列措施，以为狄青准备进行长久的围攻，所以就放松了警惕。当宴饮到第二天晚上的时候，狄青突然下令一小队士兵去昆仑关前面佯装进攻，自己带领着大部队整装出发，绕过昆仑关，直冲着侬智高的老巢去了。

昆仑关前面的部队牵制住了敌军守关的士兵，等到侬智高明白过来时，狄青的大部队已绕开了昆仑关，侬智高看到守着天险昆仑关已经没啥戏了，只好带了全部人马来抵挡狄青的部队，结果兵败被杀。

击败了侬智高，狄青回朝之后被升为枢密使。几年之后，狄青因病去世。一代勇将撒手人寰，而关于他的传说，一直在民间流传。

三朝贤相韩琦

韩琦少年聪慧，二十岁（1027年）就中了进士，后来在朝廷里做了谏官。在担任谏官的三年里，他每次上奏，都能毫不含糊地指出朝政得失，还敢于犯颜直谏。有一年天灾不断，官员治理无方，导致出现了大批流民，作为宰相的王随等四人却没有采取任何有效措施。韩琦出于谏官的职责，在朝堂上怒斥这四个人庸碌无为，尸位素餐，结果那四个人同一天被皇帝罢官。一个谏官的一封奏疏就让四个高官丢了官位，这在当时成了一件了不起的大事。

过了一年，天府之国四川发生了大面积的旱灾，饿死了很多人。朝廷任命韩琦为安抚使，去四川主持救灾工作。韩琦一到达四川，马上下令减免税赋，同时打开各地政府粮仓，向穷苦百姓发放粮食，同时在各地增设粥棚。韩琦的救灾政策，救活了几百万饥民。在救灾的同时，韩琦还考察了当地官员，对于有贪污行为不称职的官员，都依法查办。救灾工作结束，韩琦准备离开四川的时候，四川人民都舍不得他走，很多人感激地说："韩使者一来，才让我们活下来了。"

四川的救灾工作刚结束，宋朝的西北边境又发生了大事。以前臣服于宋朝的西夏国主李元昊称帝，公开对抗宋朝，不断派兵攻打西夏与宋朝的边疆地区陕西。朝廷又派韩琦去陕西抵御西夏的进攻。

起初，韩琦为了避免长久的消耗战给人民带来繁重的税赋负担，想一举歼灭西夏军队，就派手下大将任福带兵去攻打西夏。军队出发前，韩琦向任福面授机宜，告诉他千万不能冒进。可是任福过分轻敌，中了李元昊的计，被西夏军队击败，任福也在这次战斗中阵亡，韩琦因为这次战败，也被调到别的地方去了。后来朝廷又派韩琦和范仲淹两人一起去陕西抵御西夏。这一次，韩琦吸取了上次失败的教训，制定了积极防御的边防策略。

宋朝初年，大将潘美在守卫边疆的时候，为了防止契丹军队劫掠中原人民，将边境一带的人民都迁移到内地了，导致边境地区大量土地被荒置。韩琦一上任，就向朝廷请示开垦边关的荒地，这样就能够就地取粮，为军队长久防守边疆打下坚实的基础。以前边关的军粮需要从远处运过来，需要大量的劳役，军粮在运输途中消耗巨大，一旦运输不及时，军队就无法作战了。韩琦开垦了边关的土地，一下子解决了好多问题。

有一次，契丹境内一个小头领占领了宋朝边境地区的一些土地，边关的官员不敢向契丹讨要。韩琦就命令自己的部下，去跟那个头领交谈，把那些土地都要了回来，并且在边关立石，作为界碑。

知识链接

谏官

谏官是中国古代官职之一，是为了避免皇帝做出错误决定而设立的职位。

谏官对君主的过失和错误决定直言规劝，并使其改正。谏官始设于周代，秦汉至唐宋时期最为盛行，辽之后逐渐名存实亡。

李元昊

李元昊是西夏第一代皇帝，他雄才大略，熟读兵书，通晓法律和蕃汉文字。

称帝后，他修建宫殿，设立文武官员，颁布秃发令，创造西夏文，并屡次在和宋朝的战争中屡次获胜，使西夏逐渐强大起来，形成了宋、辽、夏三分天下的格局。

韩琦又在宋朝和西夏边境修建了一些新城，让宋朝的士兵驻扎在这些城里，敌人入侵的时候就可以相互支援。因此日后西夏军队多次来攻打宋朝的边关，都没有获得胜利。西夏军队看到打不过宋朝军队，就想用诡计引宋军上钩，然后突袭宋军，可是西夏的诡计都被足智多谋的韩琦识破了。韩琦在边关多年，和范仲淹配合默契，连连击败西夏军队，打得西夏军队再也不敢入侵了。因此在边境地区的人都说："军中有一韩，西夏闻之心骨寒；军中有一范，西夏闻之惊破胆。"

西夏军队打不过宋军，只能向宋军请和。两国达成和议之后，宋朝再也不用担心西夏的进攻了，因此就把韩琦从边关调了回来，让他在朝中担任宰相。

知识链接

大人不记小人过的韩琦

相传，韩琦的表兄送给他一个玉盏，韩琦十分喜欢，将玉盏视为珍宝。他把玉盏放在精美的桌布上，准备用玉盏向宾客劝酒。

但是，宾客刚到齐，一个小吏碰到了桌子，玉盏落在地上被摔碎了，那个小吏吓得趴在地上等待处罚。

但是，韩琦神情自若，对小吏笑着说："任何东西都有破碎的一天，你也不是故意的，能有什么错呢？"

韩琦的宽宏大量，令宾客十分赞叹。

▼ 韩琦宽恕小吏

在担任宰相的十年里，韩琦一心为国家着想，做了很多利国利民的事情。在韩琦为相的十年间，北宋经济发展迅速，人民生活安定。

韩琦在六十几岁的时候，上奏朝廷，希望能够回到家乡安享晚年。朝廷为了嘉奖韩琦，特意任命韩琦为家乡的父母官。在家乡任职两年多，一代文武双全的名相韩琦去世了。

> **知识链接**
>
> **全才沈括**
>
> 沈括是北宋著名的科学家，从小就天资聪颖，博学多识，在很多领域均有突出贡献。

博学多才的沈括

沈括自幼喜欢读书，十四岁的时候他就将家里的藏书都读遍了，后来他又去了舅舅家，将舅舅家中的藏书又读了个遍。还不到二十岁，沈括所读的书，已经远远超过当时的士子一生所读的书了。

1061年，沈括的哥哥沈披在宁国县主持修筑水坝，博学的沈括被他哥哥请去帮忙，他帮助哥哥顺利完成了修筑水坝的任务，并且还对水坝的修筑过程做了详细的记载。水坝修筑完工后，沈括去参加科举考试，一举考中了进士。

中了进士之后，沈括被派到地方上去管理刑狱，任职才两年，就受到推荐，去朝中担任修订书籍的工作。沈括利用工作之便，浏览了皇宫内的一些藏书，从此他的知识更加丰富了。

"熙宁变法"一开始，沈括就受到了宋神宗和王安石的器重。为了支持变法，节省一切不必要的开支，沈括翻阅古籍，从古籍中找出依据，简化了一些皇家仪式，每年为朝廷节省了数百万开支。

后来淮南发生饥荒，神宗皇帝派沈括去处理。沈括打开官府的仓库发放钱粮，救助百姓，又雇佣饥民兴修水利。等到饥荒结束的时候，他在当地已经修建了浩大的水利工程，同时也救活了很多饥民。

当时朝廷派遣官员详细登记全国的车辆，准备征用，很多人不了解朝廷的用意，对此有些担心，因此上书议论这件事的人很多。神宗皇帝看这些奏章的时候，沈括正好在他身边。神宗就问沈括："你知道我征集车辆准备来做什么吗？""我知道您要做的事，却不知道您为什么要征集车辆。"沈括答道。神宗说："现在辽国的骑兵这么强大，只有用兵车才能抵挡骑兵的进攻。"沈括回答说："兵车的威力确实大，不过书上记载的古代兵车都是一些很轻便的车子，转向迅速。士兵站在车上打仗，左冲右突很方便。现在我们的车子都是一些运输货物的笨重的大车，得用好几匹马拉着，没有办法冲锋陷阵，而且不能在战场上灵活转向。"

神宗说："哎呀，上书谈论这件事的人比牛毛都多，但是都没有说出什么道理来。今天我听了你说的话，觉得很有道理，我要认真考虑一下。"后来神宗皇帝就下令不要登记全国的车辆了。

当时宋辽边境发生冲突，蛮不讲理的辽国提出了划分边界的新方法，准备侵占一部分宋朝的领土。宋辽为此进行了长时间的谈判，但是并没有结果。沈括

> **知识链接**
>
> **《梦溪笔谈》**
>
> 沈括写了一部科学著作《梦溪笔谈》，被誉为"中国科学史上的坐标"。该书囊括数学、地理、医学、历史、文学、音乐和绘画等许多方面，内容十分丰富。
>
> 另外，书中还记载了许多劳动人民的发明，譬如活字印刷术。
>
> **兵车**
>
> 兵车也称战车，用于装载士兵，在陆地战斗中发挥强大的作用，是兵车战法中的重要组成部分。
>
> 最典型的兵车当属战国时期的战车，规定三人站在战车中，战车周围布置步兵，此战法也称兵车战法。
>
> 中国数千年来的兵车及其战法，虽然形式不断变化，但核心思想不变。

通过查阅资料,发现了对宋朝有利的证据,因此宋神宗就任命沈括为使者出使辽国。在盛气凌人的辽国皇帝和辽国大臣面前,沈括并没有胆怯,而是大义凛然地陈述了自己的看法,并提供了他所掌握的证据,在沈括的据理力争之下,辽国皇帝最终妥协,在划分边界问题上向宋朝做出了让步。

公元1080年,朝廷派沈括去延州抵御西夏的进攻。初到延州,沈括就拿出大量钱财,召集边疆的子弟们,一起比赛骑马射箭,还给得胜的人亲自斟酒祝贺,边疆的人们很踊跃地来参加,活动持续了一年之久。沈括将那些得胜的人都招募到军队当中,延州驻军的战斗力一下子得到了很大提高,其他州府的军队战斗力都比不上延州。

公元1089年，晚年的沈括举家搬迁，来到了润州的梦溪园，并在这儿隐居，编著自己影响深远的巨著——《梦溪笔谈》。这是一部凝聚了沈括多年心血的科学巨著，记载了很多中国古代的科学技术成果。公元1095年，六十五岁的沈括因病去世。沈括一生博学多才，他创作的《梦溪笔谈》是对中国乃至全世界的一大贡献。

> **知识链接**
>
> **永乐城**
>
> 公元1081年至1082年间，宋将种谔攻取了西夏的银、夏、宥3州，进逼西夏都城兴庆府。徐禧提议在银州东南的险要之地构筑永乐城来防守西夏，宋神宗同意了。
>
> 城筑好后，宋神宗赐名银川寨。因为永乐城的地理位置十分重要，西夏派兵将永乐城团团围住。城中缺水断粮，宋兵失去斗志，最终被攻破。

闯关小测试

1. "先天下之忧而忧，后天下之乐而乐"的范仲淹写下了著名的（　）
   A．《岳阳楼记》　　B．《黄鹤楼记》　　C．《登鹳雀楼》

2. "画荻教子"中的"子"指的是（　）
   A．孟子　　B．欧阳修　　C．欧阳询

3. 王安石主持的变法是（　）
   A．庆历新政　　B．熙宁变法

参考答案：1.A　2.B　3.B

北宋倾覆

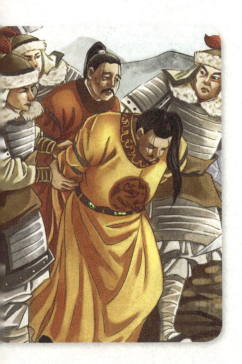

熙宁变法失败后,宰相司马光全面推翻变法措施,导致朝内官员之间矛盾加深。统治阶级内部的相互倾轧,使得宋朝的统治进入了"黑夜"。

北宋后期,徽宗继位。统治者经过多年的安逸生活,已经忘却了创业的艰辛,开始贪图享乐,任用奸佞。

经过宋徽宗的使劲折腾,"疲惫不堪"的北宋国弊民穷。

皇帝昏聩,奸邪当道。宋徽宗不顾唇亡齿寒,联金灭辽,最终金兵南下,引火烧身。持续了百年之久的宋朝,终于在内忧外困之下,覆亡了。

知识链接

一代贤臣司马池

司马池是司马光的父亲,陕州夏县人。他家很有钱,但司马池对钱没有兴趣,只想安心读书。

司马池高中进士后开始踏入仕途,后来逐渐升迁,官至尚书兵部员外郎。他为官公正严明,被誉为一代贤臣。

新旧党争

元丰八年(1085年)宋神宗去世,继位的是他的第六个儿子赵煦,他就是宋哲宗,这时的他还年幼,因此当时垂帘听政的是太皇太后高氏。高太后她本人一直都是反对新法的,因此她上来就重新启用了年事已高的司马光。神宗去世后,在洛阳的司马光进京奔丧，据说卫士见到他都向他行礼，道路两旁都有老百姓欢迎、高呼："无归洛阳，留相天子，活我百姓！"司马光认为当务之急有两件事，一是广纳谏言，一是废除新法。他主张将新法全盘否定，认为那些主张变法的人都是在"舍是取非，兴害除利"。

有了掌握大权的高太后支持，司马光开始主持废除新法，恢复仁宗时旧制，因为当时哲宗的新年号是"元祐"，所以史称"元祐更化"。他们废除新法的动作可以说是雷厉风行，神宗去世的这年七月，保甲法就被废除；十一月废方田均税法，十二月废市易法和保马法。第二年（1086年）三月，司马光要求各州县在五天内将免役法废除，闲居江宁的王安石听说后不禁惊愕："连这都要废除吗？这法不可废啊！这是我和先帝讨论了两年才实行的，每个细节都考虑到了。"

司马光下达的五天废除差役法的期限，只有知开封府的蔡京如期完成，这是一个典型的墙头草，他本是变法派，一看风向不对，马上就倒向了反变法派。司马光高兴地称赞他说："如果每个人都像你这样，那还有什么不能贯彻的？"同

为反变法派的范纯仁对司马光说:"你这是让人不要说话,这些人和那些迎合王安石邀求富贵的人,又有什么两样呢?"

由此可见,此时所谓的对待新法的态度,已经不是从是否有利于国家的富国强兵出发,而纯粹是用来党同伐异的工具。和新法纷纷被废同步的是,那些拥护新法的人,包括章惇、吕惠卿等相继遭贬,被一一赶出朝廷,而那些当初的保守派纷纷被重新重用。

其实,在反对派内部,对于新法的态度也是有分歧的,面对高太后和司马光全盘否定新法的做法,有人认为不太妥当,比如范仲淹的儿子范纯仁,他还和司马光是亲戚,认为只要将新法中那些太过分的去掉就可以,"徐徐经理,乃为得计"。

还有名传后世的大文豪苏轼,也因为坚持免役法应该存利去害,和司马光争得面红耳赤,但是司马光十分固执,根本听不进去反对的意见,这让苏轼私底下感慨大呼"司马牛,司马牛",认为司马光的脾气像牛一样的犟。

元祐元年(1086年)的四月,王安石去世了,五个月以后,司马光也去世了。其实他们二人私下里也曾是互相敬佩的好朋友,他们的政治斗争和私人感情、个人的得失没有一点关系,只是两个人的政治观点不一样而已。新旧两派两位首领的先后去世,并没有影响"元祐更化"的进程,因为还有高太后在,她彻底废除新法的决心异常坚定,在她的支持下,朝廷的大权掌握在文彦博、范纯仁、吕公著和吕大防等这些保守派的手中。

这场以对新法的态度为标准定成分的党争,要算源头,实际上可以从神宗朝王安石变法时算起,当时得势的是以王安石为首的变法派,他们对保守派就是这样一棒子打死的政策,只是现在局势颠倒了,重新得势的保守派以其人之道还治其人之身罢了。

那么这时候,那个小皇帝哲宗在干什么?由于高太

▲ 北宋三彩舍利塔

后大权独揽,根本不给赵煦说话的机会。有一次,高太后问他:"那些大臣奏事,你是怎么想的,为什么不说?"他直接回答:"娘娘已经处分,还让我说什么?"上朝的时候,宋哲宗和高太后两人是相对而坐的,所以上奏的大臣们都是面向着高太后,所以后来哲宗长大后,在追忆这段高太后垂帘听政的日子,好几次都说"朕只见臀背",由此可见活在高太后阴影下的小皇帝有多么的压抑。

> **知识链接**
>
> **"司马牛"和"拗相公"**
>
> 元祐年间，全盘否定新法的反变法派首领司马光，因其性格执拗、听不进去劝，而被苏轼起了一个"司马牛"的外号，其实他的政治对手——变法派的首领王安石，也是一样的脾气，他推行变法也是以激进的方式，性格也是一样的执拗，所以也得了一个"拗相公"的绰号。
>
> **宽厚正直的范纯仁**
>
> 范纯仁是范仲淹的次子，他在政治上是反对变法的，但是远没有司马光那样执拗。后来在"绍圣绍述"中他也被贬到了偏远的永州，一路上家人都在大骂变法派的首领章惇，在途经湘江的橘子洲时，坐的船差点翻了，这时范纯仁平静地对儿子说："难道船破了也是章惇所为吗？"

元祐八年（1093年），高太后去世，哲宗亲政，次年，终于掌握了实权的他直接将年号改为"绍圣"，表示自己要继承父亲神宗的事业，继承新法。他重新起用了被贬的变法派章惇为相，那些之前被贬的新派官员又纷纷重新回到朝廷，并对那些反对变法的大臣开始了反攻倒算：以文彦博为首的保守派官员——被称为"元祐党人"，则相继遭贬或流放岭南，就连已经死了的司马光也没逃过追贬，连哲宗当年亲笔为司马光题写的碑额还有奉敕撰写的碑文也被追毁，章惇等人还上书要求将司马光和吕公著"掘墓劈棺"，幸亏有人认为掘墓不是圣德之事，哲宗也认为这样的做法无益公家，这才罢手。总之，朝廷上下一片混乱，这次对新法的恢复，史称"绍圣绍述"。

从元祐到绍圣，朝堂之上不停走马换将，一批朝臣落马，一批朝臣复出，反反复复，折腾得够呛，这场已经持续了三十余年的党争，也让宋朝的元气大伤，北宋王朝已经走向了衰落。

 联金灭辽

北宋从立国的那天起，在北方的边境上，就一直被一个强大的敌人威胁着，那就是辽国，虽然在宋真宗的时候，双方签订了"澶渊之盟"，从此维持了相对的和平，但是双方还是对手的局面

并未改变，而且宋朝君臣念念不忘的燕云十六州，始终在辽国的手里，他们也只能抱恨无奈。而到了宋徽宗的时候，北方这里的形势又出现了不小的变化：在辽国的东北方，又新崛起了一股可怕的势力，他们就是女真人，不仅骁勇善战，还十分仇视辽国，他们崛起后多次打败辽军，建立了自己的国家——金国。这时宋徽宗和他的大臣——蔡京、童贯等人也知道了辽国和金国的形势，认为宋朝可以趁此机会攻打辽国，将燕云十六州收回。于是，一个主动示好金国、共同对付辽国的计划逐渐成形。

> **知识链接**
>
> **燕云十六州**
>
> 燕云十六州包括现在的北京、天津和山西、河北两省的北部地区，在五代十国的时期，由后晋的皇帝石敬瑭送给了辽国。这里是中原王朝对付北方游牧民族侵略的一道天然屏障，失去这道屏障，游牧民族的铁骑随时可以南下，对中原王朝是一个极大的威胁。

重和元年（1118年），在宋徽宗的差遣下，武义大夫马政乘船渡海，前往正和辽国交战的金国，商量共同攻辽的事情，此后两边的使者频繁往来，并最终在宣和二年（1120年），双方签订了一份盟约，因为双方往来都是通过海上进行，所以这次结盟被称为"海上之盟"：宋金分别从南北两个方向出兵对辽国进行夹击，并约定，金军攻取辽国的上京和中京，宋军攻取辽的西京大同府和南京析津府，也就是燕京一带，事成以后，北宋将原来按照"澶渊之盟"中给辽国的岁币，都转送给金国，金国则承诺会把燕云十六州还给北宋。在这时候看，这份盟约可以说双方各取所需，互利互惠，然而后来事情的发展，却不仅让宋徽宗君臣收回燕云十六州的美梦成了泡影，甚至连国家都直接灭亡了。

宣和四年（1122年），金国派人约宋一起攻辽，双方的计划正式开始执行。在辽金战场上，金军势如破竹，辽国的天祚帝已逃入夹山，大臣们又拥立耶律淳为天锡皇帝，史称北辽，苦苦支撑着残局。反观宋朝这边，领军出征的主帅是童贯，刚刚镇压了方腊起义的他踌躇满志，以为自己大军一出，辽军就会望风迎降，幽燕故地唾手可得。但是他没想到的是，虽然辽国已是腐朽不堪，在金军那里不堪一击，但是对付起宋朝来，不堪一击的就是宋军了：童贯先是出师不利，10万大军被辽军阻击而大败，仓皇逃回雄州。童贯还是不服输，半年以后卷土重来，在一部分军队已经攻入燕京的情况下，遭遇辽军阻击就自乱阵脚，烧营而逃。

自此，宋朝两次进攻辽国均以大败而告终，自熙宁、元丰变法以来好不容易攒下的一点军队家底全部败光，而已是奄奄一息的辽国居然大获全胜，这也让冷眼旁观的金国看清楚了宋朝不过是金玉其外，败絮其中，于是，金国人开始考虑是否还要履行之前的约定了。

宣和五年（1123年），宋朝想要拿回燕京等地，多次派使者和金国进行交涉，但是金太祖完颜阿骨打认为宋朝根本没有完成之前的"攻陷辽南京"的盟约规定，所以宋朝如果想要燕京，就要再出一百万贯钱，称为"燕京伐租钱"。此外，金国还趁机向宋朝提出遣返一些叛金入宋的辽国大臣、借十万斛粮等附加条件，而金国归还给宋朝的土地，也只是包括燕京在内的六州二十四县，而不是完整的燕云十六州，宋徽宗对此一概表示答应。

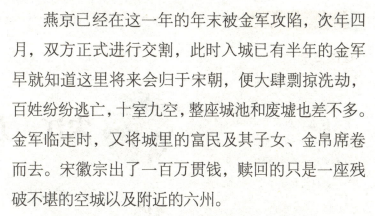

燕京已经在这一年的年末被金军攻陷，次年四月，双方正式进行交割，此时入城已有半年的金军早就知道这里将来会归于宋朝，便大肆剽掠洗劫，百姓纷纷逃亡，十室九空，整座城池和废墟也差不多。金军临走时，又将城里的富民及其子女、金帛席卷而去。宋徽宗出了一百万贯钱，赎回的只是一座残破不堪的空城以及附近的六州。

不过这样的结果并没有影响徽宗君臣大肆自我陶醉，徽宗将童贯、赵良嗣等人都作为大功之臣，一一加官进爵、大赏特赏。徽宗还命人专门撰写《复燕云碑》歌功颂德，来吹嘘太祖、太宗都没有完成的伟业，真的在他手里完成了。但是，金太祖在撤离燕京时，就放出话去，说用不了两三年，他一定会再夺回燕京的。原本宋朝和金国之间隔着一个辽国，所以宋朝要联系金国，还得绕过辽国，去走"海上"，现在辽国灭亡了，宋朝和金朝直接接壤了，在对辽国的战争中，宋朝又将自己的虚弱暴露无遗，因此没几年,金国又开始南下入侵宋朝,不仅重新夺占燕云之地,还在1127年攻克了宋朝的首都东京,将北宋灭亡,这就是历史上的"靖康之变"。

那么,是否可以说宋徽宗就不应该"联金灭辽",签订"海上之盟"呢?实际上,将燕云十六州收回,巩固北方的边防,是从后周的世宗以来,所有有为君主的一致追求,宋徽宗这样打算也是完全可以理解。而且当时辽国衰落,女真崛起,也确实是攻取燕云的不错时机。只是徽宗君臣对自身实力的了解实在不够——自身腐败、军队疲软,所以在进攻辽国时彻底现了原形,让金朝觉得有机可乘。

知识链接

辽国五京

辽国的京城一共有五个,分别是上京临潢府、中京大定府、东京辽阳府、南京幽都府和西京大同府,其中上京和中京的地位更重要一些,其他的三京相当于陪都。

宋江、方腊起义

北宋末年,赋税繁重,贪官污吏横行,天灾不断,农民流离失所。在这种情况下,各地起义不断,其中影响最大、对宋朝打击最大的,要数宋江、方腊起义了。

公元1119年,山东走投无路的农民宋江率领几十个同样出身穷苦的农民一起占据了梁山泊,竖起起义的大旗,招募义军。一时间,饱受摧残的穷苦大众云集响应。在很短的时间里,宋江的起义部队就扩大开来。

梁山泊地方过于狭小,没法容纳众多大军,于是宋江带着起义军转战山东的其他地方。起义军每到一个地方，就会奋力攻打城池，破城后惩治当地的贪官污吏，开仓放粮，发放官府的钱币，因此宋江的起义大军很受人民欢迎。

被宋朝贪官污吏欺压多年的人民，已积攒了多年的怒火，翘首盼望着宋江起义军的到来，于是宋江起义军的名气大盛，很多地方的穷苦大众为了响应宋江起义，都揭竿而起。宋江起义这一个火苗在宋朝境内点燃了无数的火堆。

宋徽宗听到宋江起义的消息，马上派兵去镇压。在宋江的指挥下，宋徽宗派去的官军都被起义军打败了。得胜的起义军一路南下，一直打到江苏。宋江想出其不意地攻打官军，于是率军走上海船，想渡海到别的地方登陆，然后一举拿下当地的城池，惩治贪官，拯救穷苦大众。

可是那座城里的宋朝官员侦察到了起义军的作战意图，于是派出几千名士兵引诱起义军上钩。起义军与宋军一交战，宋军就假装失败逃跑，中了计的起义军紧随其后。

在起义军和宋军交战之初，宋江只留了一小部分人守护船只，万一战事失利，就可以坐船从海上撤退。当起义军的大部队已经走远，早已埋伏好的宋军突然向守船的起义军发起进攻。事出突然，起义军没有任何防备，很快就被宋军打败。

偷袭得手的宋军杀光了全部被俘的起义军士兵，烧毁了船只，然后前后夹击起义军的大军。前有强敌，后无退路的起义军被包围了，宋江带人奋力突围，失败后被抓。轰轰烈烈的宋江起义只坚持了三年就失

知识链接

梁山泊

梁山泊位于今山东省梁山脚下，经常成为农民起义军的根据地。

北宋末年的宋江等人曾在这里结寨，率领农民起义军反抗宋朝的统治，由此这里开始闻名于世。在《水浒传》等长篇小说中经常可以见到这个名词。

▼ 宋朝莲花纹瓦当

败了。

公元1120年,宋朝南方的穷苦农民方腊在当时的起义大潮中也举起了义旗,宣布起义。由于方腊他们居住在浙江一代,那里盛产名花名草名石,是宋朝"花石纲"的主要受灾区,很多人因为"花石纲"而难以生存。方腊振臂一呼,附近忍无可忍的农民闻风响应,起义大军很快就发展到了上万人。起义军在方腊的指挥下,打败了前来镇压的官军,斩杀了带兵的将军。

饱受"花石纲"之苦的杭州人民听说方腊起义的消息,全都冲出家门,抓捕当地的官吏,举起起义的大旗,响应方腊的号召。浙江境内的其他起义军都投奔了方腊。方腊起义军很快就占领了南方的大片土地。

失去了南方富庶之地的宋朝,突然被切断了经济来源,很多军事行动都受到了限制。惊恐万状的宋徽宗终于知道问题出在哪里了。他下令立刻取消征收"花石纲",罢免了一些贪官污吏。宋徽宗一边采取这些措施收买人心,一边派童贯带兵去镇压起义军。

这时候,胸怀大志的方腊犯了一个致命的错误:他指挥起义军兵分两路,一部分北上,另一部分则南下,这样就分散了兵力。北上的起义军遭到了官军的攻击,很快就坚持不住失败了,南下的起义军走到江西也走投无路了。宋军南北夹击,把方腊起义军包围了起来。

> **知识链接**
>
> **方腊**
>
> 方腊以诛贪官为口号,带领贫穷的人民发动起义。方腊的起义军做了充分的准备,发展非常快。
>
> 但是方腊错估了形势,占领州县后过于轻敌,起义军迅速被宋军镇压,并没有改变宋朝的腐朽衰败的本质,但在一定程度上削弱了宋朝国力,为宋军以后败给辽金埋下了伏笔。

方腊率领起义军浴血奋战,一共牺牲了七万多人,最后被宋军打败了。兵败被俘的方腊,在几天之后就被杀害了。

宋江起义和方腊起义虽然都是农民起义,但是这两次起义之间还是有很大的差距。宋江起义军规模较小,而且没有对军队的前景有任何规划;方腊起义军规模较大,而且从一开始就建立了良好的制度,以灭亡宋朝为己任,因此方腊起义军的影响比宋江起义要大很多。

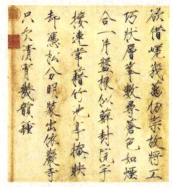

▲ 宋徽宗的瘦金体

宋徽宗虽然不是称职的皇帝,但他却是出色的艺术家,他的书法字画堪称一绝。宋徽宗发明了一种新字体——瘦金体,为中国书法做出了突出的贡献。

瘦金体运笔灵活,风姿绰约,和楷体、草书等字体差别较大,很有个性,称得上是中国书法史上的独创。

两宋分水岭

公元1127年,宋朝历史上发生了一件惊天动地的大事——宋徽宗和宋钦宗父子俩被金兵俘虏,宋朝灭亡。当时正是宋钦宗靖康年间,所以史称"靖康之乱"或"靖康之耻"。"靖康之乱"发生一个多月后,金兵北撤,宋朝皇室唯一的血脉赵构在河南商丘登基,建立南宋。

人们为了区分这两个宋朝,就以赵匡胤建立、统治中心在北方的宋朝为北宋;以赵构建立、统治中心在南方的宋朝为南宋。"靖康之乱"就是南北宋的分水岭,之前是北宋,之后则是南宋。

靖康之乱的发生,是由多方面原因导致的。

宋朝武将受压制,有才能却没法完全发挥。赵

知识链接

踏花归来马蹄香

有一天，宋徽宗踏青回来，意犹未尽，便用"踏花归来马蹄香"作为题目，在御花园内举办了一个特别的画考。

此处的"花""归来"和"马蹄"都容易表现出来，只有"香"无影无踪，很难刻画出来。很多画师都想不出好办法，有些画是骑马人手里握着一枝花，有些在马蹄上画着几片花瓣，但都表达不出"香"字。

有一个青年仅仅在马蹄周围画了几只飞舞的蝴蝶，便让人觉得马蹄上花香浓浓。宋徽宗看后十分高兴。

匡胤做了皇帝后，生怕带兵的大将模仿自己，黄袍加身，于是就建立了一套压制武将的制度。武将作战，文官监军，武将处处受到掣肘，有才能也没办法发挥出来。和平时期，武将间隔几年就调换驻地，导致兵不识将，将不识兵，二者之间没法很好地沟通，于是军队的战斗力受到影响。

朋党之争削弱了国家的统治能力。谚语有云："人心齐，泰山移；人心散，搬米难。"从王安石变法到司马光上台，这一来一往之间，变法派与保守派相互过招，谁也不服谁，各有千秋。

于是两派斗争激烈，推荐、任用官员并非任人唯贤，而是只任同党。朝廷遇见危急的事情，双方不是想着如何更好地解决问题，而是只要是对方提出来的，就反对，不管是否对国家有利。统治阶级的这种内部斗争，消耗了国家的财力、物力、人力，还对国家造成了伤害。

宋徽宗重用奸臣。宋徽宗登基后，任用奸臣，导致吏治混乱，贪污腐败横生，搅得天下鸡犬不宁。奸臣不做对国家有利的事情，只做对自己有利的事情。

宋徽宗对奸臣的所作所为无动于衷，还沉浸在奸臣贼子投其所好的氛围中无法自拔。国中的人民没法忍受压迫，揭竿而起，极大地打击了宋朝的统治，国库中经过百年积累的财富，也被宋徽宗和一帮奸臣挥霍得差不多了。

同时，辽国日益衰落而金国却趋势崛起。辽国经过与宋朝多年的战争，虽然说获利不少，但是也

被慢慢拖入深渊,导致国内政治腐败,经济发展缓慢,强势的辽国也开始衰落到待宰的地步。

正当没落的宋朝与同样衰落的辽国在相互厮杀的时候,处于偏远地区的女真族摆脱了辽国的压迫,建立了金国,迅速强盛起来。金国崛起后,也开始在中华大地的舞台上张牙舞爪起来。

在剽悍的金军面前,纪律涣散的宋军完全不是对手。

最后,宋朝外交失误,昏庸的宋徽宗竟然听信了奸臣贼子的话,选择和金国联合攻打辽国。面对崛起的金国,北方的辽国实际上是宋朝的一个屏障。宋徽宗连金灭辽,辽国被灭,宋朝丝毫没有占到便宜,反而将这么好的一座屏障给摧毁了。

宋徽宗怎么会不懂得唇亡齿寒的道理呢?

在金国灭亡辽国两年之后,北宋也在金兵的铁蹄之下覆灭。

"靖康之乱"主要是人祸导致。皇帝懈怠,朝臣相互倾轧无暇他顾,外交上的愚蠢,等等,最终导致北宋覆灭。总而言之,真正的祸根还是宋朝的统治者。

这就是 中国历史 宋

靖康之耻直接导致了北宋的灭亡,这刺痛了每个宋人的心。南宋的抗金名将岳飞在《满江红》中写道:"靖康耻,犹未雪,臣子恨,何时灭!"图中身穿黄色龙袍的即为被俘的宋徽宗和宋钦宗。

警枕励志的司马光

司马光小时候非常聪明，在他六七岁的时候，他每读完一本书就能讲清楚书中的意思，因此在当地小有名气。司马光的父亲是做官的，很有学问，经常带着司马光一起读书访友，司马光在这个过程中，学到了很多东西。

有一个人人尽知的励志故事，有一次，司马光和伙伴们在后院玩耍，有个小伙伴看到一口大缸滑溜溜的很好看，就爬上去准备站在缸沿上玩，结果他没有站住，一下子滑到缸里面去了。这口大缸是放在后院蓄水的，里面装了满满一缸水。孩子们看到有个小伙伴掉进缸里去了，吓得急忙跑回去喊大人来救人。而聪明的司马光并没有跑去喊大人，因为他知道，这一来一回要花一段时间，而救小伙伴的命是很要紧的，等把大人喊回来了，小伙伴的性命早就不保了。怎么办呢？他看到大缸旁边有一些石头，就双手抱起石头朝着大缸砸了过去。"哐"的一声，大缸被砸破了，水从缸里面流了出来，小伙伴得救了。这就是著名的司马光砸缸的故事。

年少的司马光，读书的时候很贪睡，总是睡不够，经常最后一个到课堂，受到先生的批评。为了努力读书，司马光想改掉贪睡的毛病。为了能早起，他晚上睡觉前喝了很多水，想让尿憋醒，结果不但没能早起，反而还尿床了。想来想去，司马光想到了一个好办法。他换掉自己经常枕的软软的布枕头，将一根短小的硬木头放在床上当枕头。晚上睡觉的时候，枕着这硬硬的"枕头"，总算是管用了，睡着后的司马光一翻身头就从硬木枕头上掉下来了，这样他就醒了。醒来之后，司马光立即下床，点起蜡烛来读书。

成年之后，司马光去参加科举考试，一下子就考中了进士。之后，司马光和同时代的进士们一样，被派到地方去任职，而且在当地取得了很好的政绩，获得了很大的名气。

司马光在各地任职的时候，很喜欢和当地人交流，向他们学习，因此有了很多忘年之交。他一发现有才能的人，就会向朝廷推荐，别人的一些不错的建议，他听了之后也会上报朝廷。司马光在陕西任职的时候，他的上司就是比他大二十

来岁的忘年交——庞籍。当时陕西地处边关，与西夏接壤，经常受到西夏军队的侵扰。司马光在做了翔实的调查，并且经过深入的思考之后，认为在这些地方建立堡垒，让士兵驻扎在里面，就可以有效抵御西夏军队的袭扰。庞籍觉得这个建议很好，就让司马光去办理。可是没想到出了意外，有个驻扎在堡垒中的将领，喝醉了酒带着士兵去攻打西夏，打了败仗，没法交差，就自杀了。朝廷因此怪罪庞籍，把他降级调到别的地方去了。司马光就上书皇帝，说庞籍是听了自己的建议才这样做的，受处罚的应该是自己；庞籍知道了，就上书说这完全是自己的责任，请求朝廷不要处罚司马光。朝廷最终没有处罚司马光，但从这件事上，可以看出司马光的高尚品德。

神宗皇帝刚即位时，司马光向他呈上自己编纂的几部史书，神宗看了觉得很好，就建议司马光写一部总结几千年历史的史书，让帝王们来学习。司马光便开始着手来写这部书。经过十九年的辛苦努力，司马光终于写成了一部跨越一千三百多年的史书，神宗皇帝认为这部书"鉴于往事，有资于治道"，就给这部书定名为《资治通鉴》。

《资治通鉴》成书两年后，心血耗尽的司马光，走完了他的一生，最终于公元 1086 年去世。

> **知识链接**
>
> **《资治通鉴》的地位**
>
> 《资治通鉴》是北宋史学家司马光主编的一部编年体史书，记载了从东周到五代后周共一千三百多年的历史，历时 19 年完成。
>
> 《资治通鉴》总结了以往执政的经验，以供当权者借鉴。这部书是我国第一部编年体通史，在我国官修史书中具有非常重要的地位。

文彦博安定危局

北宋名臣文彦博，少有大志，醉心于学，后来得以辅佐君王名留史册。

北宋倾覆 | 文彦博安定危局

文彦博小时候与伙伴一起踢球，一不小心，球被踢进了一个树洞里，大家找来一个长棍子，想把球掏出来，可以无论如何也掏不出来，这可把大家给急坏了。文彦博让大家别用棍子掏，免得把球给捅破了，然后他就去池塘边舀来一些水，灌到树洞里，真神奇，水刚灌下去，球竟然漂上来了。从此，大家很佩服文彦博的聪明才智。

虽然受到伙伴们的推崇，也得到老师母亲的青睐，但文彦博从来不为此骄傲放纵，反而更加严格要求自己。文彦博准备了两个罐子，一个罐子中放黑豆，另一个中放红豆。如果犯了错，做了坏事，就给罐子中放黑豆，做了好事就放红豆。刚开始这么做时，罐子中稍稍放了几个黑豆，红豆也不多，文彦博对自己的表现很不满意，于是就时刻提醒自己。等时间一长，文彦博去看两个罐子，发现黑豆除了刚开始放的那几个之外，再没增加过，反而红豆数量增加了很多。

成年后，文彦博考中进士，当了一名小官。官职卑微丝毫无法掩盖文彦博的才干，仅仅几年之后，文彦博就做到了监察御史一职，之后升迁更快。文彦博在官场上的如鱼得水，完全得益于自己的才干。

话说有一年，文彦博在成都任职时，宴请当地官员，夜很深了，宴会还没有结束，随从的军士们大发牢骚，以下雪天冷为由，拆掉了一座亭子。军校不知该怎么办，就去请教文彦博，在座的宾客听到军士闹事，吓得两腿颤颤，生怕这些士兵把事情

> **知识链接**
>
> **文彦博**
>
> 文彦博是北宋著名的政治家、书法家。他先后经历宋仁宗、宋英宗、宋神宗、宋哲宗四个朝代，出将入相达50年。
>
> 文彦博虽然官位很高，家庭富裕，但是他待人接物很谦逊，喜欢帮助别人，唯恐哪里考虑不周。

闹大危及到自己的性命。文彦博也考虑到了这个情况,但他到底不同于常人。只见文彦博神色自然,对军校说,既然天冷,士兵们想烤火,就把亭子拆了烤火吧。本来那些士兵就想借机闹事,没想到文彦博如此淡定,所以士兵们也就安定下来了。

第二天,文彦博等到士兵们的怨气消了,出来问清事实,将带头闹事的士兵打了一顿板子后,便送走了。

文彦博做官很有政绩,做了很多前人不敢做的事情,对当地的发展做出了极大贡献,后来,文彦博被调入朝内,做了宰相。

宰相文彦博,处理事情极其精干,哪怕遇上天大的事情,他也能妥善处置。

有一天,正在龙椅上端坐的宋仁宗突然栽下来,吓得大臣们慌了手脚。内侍马上将仁宗抬回寝宫,找来太医诊治,太医说是操劳过度所致。

那边皇上被内侍抬进了寝宫,宫门被关闭就再也没打开过;这边朝堂内一帮子大臣心急如焚，想要了解皇上的病情，却得不到任何回应。皇上发病的消息很快从宫内传到了宫外，在得到消息的人里面引起了不小的恐慌。

为了防止朝堂内外勾结，有人趁混作乱，当朝宰相文彦博当机立断，关闭宫门，并且下令如果没有他的命令，谁也不准打开宫门。然后文彦博向仁宗的内侍询问仁宗的情况，内侍竟然说："这是寝宫里面的事情，怎么能够让你们知道呢？"

文彦博勃然大怒："皇上的安危关乎国家大事，你隐瞒真实情况到底是为了什么？我现在以丞相的身份命令你向我报告皇上的身体情况，如果你不说，我就行使丞相的权力，斩了你。"

内侍听到文彦博的话，服软了，乖乖地向文彦博报告仁宗的身体情况。大臣们及时知道仁宗身体状况比较稳定，内心也就不慌了。朝内的大臣在文彦博和富弼的带领下，一部分安心处理政务，一部分在皇宫大殿为皇帝祈福，希望他早日康复。

当天晚上，宫廷守卫向文彦博报告，说开封府的知府想要进来揭发谋反之事。文彦博告诉守卫，坚决不能开门。守卫告诉开封府知府，让他白天再来。

第二天，开封府知府报告，说一个侍卫告诉他有军官要作乱。文彦博马上找来这个军官的顶头上司，向他了解情况。这个军官的上司向文彦博说明情况，并担保那位军官绝对不会作乱。文彦博得知这个侍卫跟军官有仇，因此污蔑他要谋反作乱。事实得到确认，文彦博气不打一处来，下令斩了那位侍卫。

过了几天，仁宗的身体终于恢复，能够上朝了，宫内的各位大臣以及宫外的皇亲们也都安定下来了。仁宗皇帝刚刚能够上朝处理政务，就有人向他诋毁文彦博，

▲ 活字印刷术

活字印刷术是我国古代的一种印刷方法，也是世界印刷史上一次伟大的技术革命。这种印刷术先制成单字的阳文反文字模，然后按照稿件把单字挑选出来，排列在字盘内，涂墨印刷。

说文彦博在皇帝病重昏迷的时候,擅自诛杀了一名侍卫。仁宗问文彦博是怎么回事,文彦博将当时的情况介绍之后,仁宗皇帝只能表扬他了。

文彦博在朝中担任宰相十多年,历仕仁、英、神、哲四朝,在政治、经济、军事方面多有建树,他的声名远播四方。

命途多舛的苏轼

苏轼年轻时博闻强识,当地的读书人没有一个能比得上他的,于是苏轼就很自负,在自己家的大门上写了一副对联:识遍天下字,读尽人间书。很多人经过苏轼家门口,也知道自己比不上苏轼,可是心中却很不服气他的自负,但又不敢当面说出来,这样一来,苏轼就愈发骄傲了。

突然有一天,一个老人敲开了苏轼家的大门,他拿着一本薄薄的书,说是要向苏轼请教一下。苏轼看到这位其貌不扬的老人家,以为他真是想向自己请教学问的,就很自负地打开那本书,准备向老人讲解书中的内容,可是他打开书一看,满篇文章,他一个字都不认识。

苏轼这才看出这位老人是专门来教育他,让他不要那么骄傲的。满面羞红的苏轼谢过老人,他知道了自己的错误,马上提笔将对联改为"发奋识遍天下字,立志读尽人间书"。从此,苏轼变得谦谦有礼,读书也更加努力了。

二十一岁那年,苏轼和弟弟苏辙跟随父亲进京参加科举考试。苏轼和苏辙同时考中了进士,一时间,整个京城的人都知道了苏氏两兄弟的大名。由于苏轼的父亲苏洵在几年前就已经名满京城了,这次他的两个儿子一下子都考中了进士,整个京城的达官贵人都争着来与苏家父子结交。

苏轼考中进士以后,正准备在京城大展宏图,却没想到突然从四川传来母亲去世的消息,苏洵就领着苏轼和苏辙一同回家奔丧。守丧三年后,苏轼被派到福

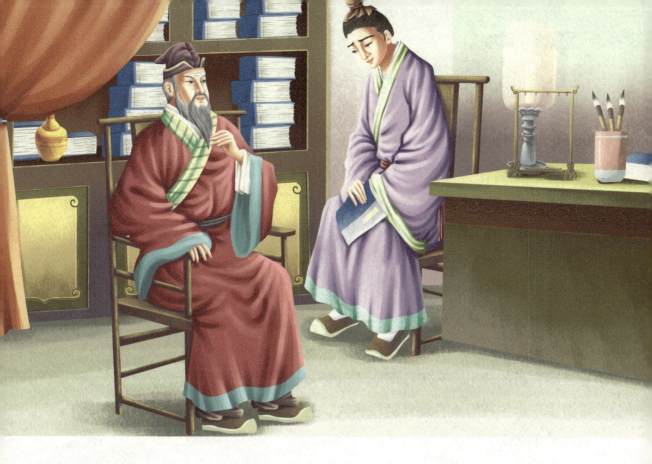

昌县任职,任职四年后受到欧阳修的推荐,回到京城接受朝廷的考核,结果几轮考核下来,苏轼都是第一名。于是他在京城任职,受到了宋英宗和宰相韩琦的器重。在这之后不久,苏轼的父亲苏洵又病故了。苏轼同弟弟苏辙扶柩还乡,为父亲守丧三年,苏轼守丧期满,回到京城的时候,又碰上了震动天下的王安石变法。由于苏轼反对王安石变法中的一些措施,认为这些措施不但不能解决当下的问题,还会引起很多新的弊端,因此就和在当时执掌朝政的变法派产生了矛盾。苏轼的意见得不到重视,在朝廷里无所作为,只好请求外调到密州去做一名地方官,后来又出任徐州知州。

　　远离京城的苏轼并没有消沉,反而将自己的一腔热血都倾注到地方上去了。在密州,他惩办害民的士兵;在徐州,他组织抵御洪水,保护百姓。在外任职的这几年时间里,苏轼取得了很好的政绩。

公元1079年，苏轼调任湖州知州。按照宋朝惯例，新上任的官吏要向朝廷汇报自己将如何开展接下来的工作。苏轼在写汇报的文章时，表露了一点个人情绪，可他万万没想到这一下闯下了大祸。与苏轼有矛盾的变法派看到苏轼文章中有一些情绪性的话，就生搬硬套，说苏轼是在反对朝廷，攻击皇帝。他们为了找到更多证据，就将苏轼从前写的所有文章都找出来，从每一篇文章、每一首诗中挑毛病，找出有牵连的内容上奏给皇上，于是皇上把苏轼抓起来，给他定了罪。这就是历史上有名的"乌台诗案"。

被关进监狱的苏轼，历经九死一生，终于被朝中一些德高望重的官员保了下来。出狱后苏轼被贬到黄州做一个小官，在黄州，苏轼一边忙于政务，一边还要应付不放过他的一些变法派官员的攻击。为了排解心中的苦闷，苏轼经常游山玩水，在历史古迹处凭吊古人，还写下了著名的《赤壁赋》。

宋神宗死后，反对变法的司马光等人上台，苏轼被调回朝廷当礼部郎中。保守的司马光准备不分好坏，把变法派的所有政策一律废除。为天下百姓着想的苏轼，在这时又提出了反对意见。渐渐地，苏轼又被保守派视为异己，遭到了打击。

此后苏轼又几次被贬谪外调，几次被征召入朝，公元1097年，六十二岁的苏轼最终被贬到现在的海南岛去做官。在当时，海南地处最南端，经济文化落后，路途遥远，被贬官到海南几乎就等于被赐死。可乐观的苏轼并没有被吓倒，反而在海南度过了一段快乐的时光。

苏轼在海南做官期间呕心沥血，为当地经济文化的发展做出了卓越的贡献。到现在，海南儋州还有很多以苏轼命名的事物。

宋徽宗即位后，征召苏轼入朝，可是在途中，天纵之才苏轼就去世了，享年六十五岁。一代英才苏轼，年纪轻轻就考中了进士，当时的皇帝宋仁宗认为他为自己的儿孙找到了一位宰相。可是为官四十年，苏轼非但没能做到宰相之职，反而一生跌宕。也许正如苏轼晚年哀叹的那样：人皆养子望聪明，我被聪明误一生。

知识链接

赤壁赋（节选）

客亦知夫水与月乎？逝者如斯，而未尝往也；盈虚者如彼，而卒莫消长也。盖将自其变者而观之，则天地曾不能以一瞬；自其不变者而观之，则物与我皆无尽也，而又何羡乎！

轻佻天子宋徽宗

元符三年（1100年），宋哲宗突然去世，他还没有儿子，所以他的继承人，看来要从神宗的其他儿子，也就是哲宗的兄弟里选了。好在神宗一共有十四个儿子，还活着的也有几个，分别是申王赵佖、端王赵佶、莘王赵俣、简王赵似和越王赵偲。宰相章惇主张立简王赵似，他还是哲宗的同母弟弟，没料到淡泊政事的向太后却主张立年纪大的，这五个人以申王最大、端王其次，当时申王赵佖的眼睛有残疾，自然不能立他，所以就主张立端王赵佶。章惇咋都看不上赵佶，认为"端王轻佻，不可以君天下"，但宰相终究没有争过太后，最终还是端王赵佶继位，他就是宋徽宗。

宋徽宗刚即位的时候，也曾干出一番事业，让向太后还有那些老臣们看看自己的能力。当时从王安石变法开始的新党旧党之争已经持续了几十年，朝中极度混乱。年轻气盛的徽宗想先将这乱七八糟的两党处置干净，这一点从他的年号就可以看出来，他即位后第二年改年号为"建中靖国"："建中"，就是在元祐、绍圣之间不偏不倚；"靖国"就是强调，现在安定团结是压倒一切的头等大事。徽宗也明确表示过，无论是元祐更化还是绍圣绍述，都是有错误的地方的，现在要以大公至正，消灭朋党。

就这样，年少的天子宋徽宗亲贤臣，远小人，平冤狱，兴国策，还为文彦博、司马光等三十三位元祐大臣恢复了名誉和官职，又起用了一些忠直敢言的知名之士，颇有一番"小太宗"唐宣宗的意思，总之是干得风生水起，有声有色。向太后这时也放了心，本来她就对政治兴趣不大，所以垂帘听政仅半年，就退居二线了。

如果宋徽宗能够坚持励精图治，开拓进取，也许北宋的历史会拐向另一条道路。不过，历史没有如果。随着时间的推移，宋徽宗很快"原形毕露"，对每天复杂琐碎的政事以及啰里啰唆的老大臣感到厌烦不已。他向往的是自由自在、没有人管束、可以纵情享乐的帝王生涯，而不是现在这种不顺心的生活。这时，一个叫蔡京的人出现了，他让宋徽宗曾经的"明君"形象一去不返。

蔡京这个人最大的特点就是见风使舵，毫无原则可言，他本是"新党"的人，追随王安石变法，但是后来旧党司马光上台，他就能在五天内将新法全部废除，博得司马光赞誉；后来新党章惇得势，他又火速将新法恢复。蔡京还特别擅长揣度人心，那些整日在徽宗耳边唠叨的老臣多是旧党的，因此徽宗逐渐对旧党心生不满。敏锐感觉到这一点的蔡京投其所好，获得徽宗的赏识，他还提议徽宗将年号改为"崇宁"，即崇尚熙宁变法，明确表明支持新党，将旧党统统驱逐出京城。崇宁元年（1102年），蔡京当上了宰相，虽然他打的是新法的旗号，但这不过是盘剥百姓的遮羞布，蔡京的所作所为，与王安石的熙宁新法已经没有什么关系了。

蔡京最臭名昭著的行为，就是打造了那块"元祐党人碑"：他列了一份元祐党人的名单，其中很多都是已经去世的，一共309人，立在德殿门外的"党人碑"上。被列进这份名单的官员，重者关押，轻者贬放远地，甚至禁止他们的子孙亲戚和宗室联姻。其实这份名单里不都是元祐党人，比如王安石的学生陆佃，还有新党后期的领袖章惇、曾布，只是因为和蔡京政见不合，也都被一股脑儿地扣上了元祐党人的帽子。可见在蔡京这里，连新旧党争的起码界限都不需要了，只剩下睚眦必报的个人恩怨，目的就是要大权独揽。

> **知识链接**
>
> **花石纲**
>
> 宋徽宗是一个昏庸的皇帝，他不理朝政，也不管军国大事，只对珍玩诗画情有独钟。蔡京为了讨好他，派人在苏州设立应奉局，专办花石，号为"花石纲"。
>
> 此后运河上运花石纲的船首尾相连昼夜不绝，江南百姓为了进贡花石，往往倾家荡产，卖儿卖女。

徽宗治国理政十分头痛，但是追求享乐倒是搞得风生水起，其中最著名的，就要数强征"花石纲"了，所谓花石纲，就是运送奇石异木的船队，每十条船为一纲，徽宗让朱勔在苏州设立应奉局，专门负责花石纲，派人四处搜罗，看见百姓家有一石一木可供赏玩，就马上将其定为御前之物，然后毁屋破墙，发运上船。有些巨木大石可能有几丈高，想要运输往往得毁桥拆城，得走上好几个月，才能运到京城。有人测算过，运送一株竹子到京城要花五十贯，可见"花石纲"对朝政的危害有多大。

有这样贪图享乐的君主，自然就会有逢迎拍马的臣子，徽宗皇帝的周围，以蔡京为首，聚集了一大群奸臣，其中蔡京、王黼、朱勔、李彦、童贯还有梁师成，在当时号称"六贼"，此外还有蔡攸、高俅、杨戬、李邦彦等也都是一丘之貉，他们的爪牙遍布朝野，到处迫害忠良，北宋王朝也就在这样的气氛下一天天走向了腐朽，最终引发了靖康之耻。

一代名将种师道

种师道是宋朝的名将。最初，他因为祖上的功劳，被朝廷授予了一个很小的武官官职，后来他通过科举考试，又转成了文官。却因为耿直，触怒了奸相蔡京，因此有十年时间都没有在官府任职。

宋朝末年战事频繁，给种师道提供了一个发展的平台。朝廷派种师道去边关，抵御西夏的袭扰。一到边关，种师道就向朝廷申请，在一个地方修建一座驻军的城堡，得到朝廷同意后开始修建。

西夏人知道宋军修建了城堡就不好对付，所以在城堡还没有完工的时候就派兵来攻打种师道的军队，想要拆毁城堡。面对敌人的进攻，种师道指挥手下士兵在河边布阵，摆出一副要决一死战的阵势。就在两军对峙剑拔弩张的时候，种师道派出一队骑兵，声称要去迎接前来支援的军队。这一队骑兵走到敌军看不到的地方，然后就转移到西夏军队的后方去了。

等了一会儿，种师道估计那批骑兵已经到达西夏军队的后方，就下令大军主动攻击敌军：在正面用穿了厚重铠甲的部队为先锋，抵御敌军的进攻，又派一队人马从侧面攻打，正好先前派出去的那队骑兵也赶到了，并从后面进攻西夏军队。三面夹击，把西夏军队打得大败。

后来，宋朝的奸臣童贯受了别人的蛊惑，想要联合金国攻灭辽国。种师道提出反对，可是昏庸的宋徽宗最后同意了童贯的请求。在攻打辽国时，金军取得了胜利，可宋军被辽国军队打得大败。金兵在攻灭辽国之后马上调转矛头，派兵南下攻打宋朝。

金国第一次派兵攻打宋朝，就吓得宋徽宗准备南逃，后来金兵将宋朝的几个北方城市劫掠一空，就收兵了。金兵一退，宋徽宗追究联金攻辽失败的责任，同为"六贼"的童贯和王黼就嫁祸种师道，种师道百口莫辩，最终背负罪名，被迫退休。

一年之后，尝到甜头的金兵第二次派兵南下，昏庸无能的宋徽宗听到这一次金兵队伍比上一次更多，才想起了种师道的种种好处，马上派人给种师道官复原职，并且命令他带兵来保护京城。种师道还没有赶到，宋徽宗已经吓得把皇位让给了自己的儿子钦宗，自己躲到后宫醉生梦死去了。金国军队一路势如破竹，刚刚即位的钦宗派人到各地召集军队来开封保护京城。

种师道上任后带领部队快到开封的时候，有人劝他说："金国兵力几十万，您先把部队驻扎在开

> **知识链接**
>
> **姚平仲**
>
> 姚平仲是北宋大将，他骁勇善战，十八岁的时候就大败西夏军，名声在外。后来金兵攻打宋朝都城汴京，他向宋钦宗自请率领敢死队攻入敌人的军营捉拿金军主帅。
>
> 但那时敌人已经撤退了，姚平仲的计划没有成功，于是畏罪潜逃，骑着骡子狂奔数千里，在蜀地的石洞里隐姓埋名五十年，直到老年才出山。

封附近，观察一阵再作打算吧。"种师道大声说："金国又不知道我带了多少兵马，我只要大张旗鼓，孤军冒进的金兵就会害怕的，我一路大张旗鼓到了京城，京城的守将看到我来了，一定会士气大振。"

果然，金兵看到种师道率领的军队气势汹汹，后方烟尘滚滚，以为有几十万大军，因此也不敢进攻，反而把军队大营向后撤了几十里。

种师道进了开封，钦宗派大臣李纲慰问他，然后向他讨教了很多问题。这时候，各路的援军也到了，金兵看到宋军人数众多，不敢贸然进攻，就派使者来，要求割地赔款。狂妄的金国使者见到钦宗后，没有行跪拜之礼，等他看到种师道来了，才下跪行大礼。

金国使者一离开，有个叫姚平仲的将领为了抢功，就对主持朝政的李纲说可以攻击金军。宋钦宗以为可以一举打败金兵，发散心中的怨气，就让李纲负责准备派兵攻打金兵的事情。种师道上书反对主动进攻，因为他认为兵力还不够，且将领之间不和，主动攻打金兵一定会失败的。姚平仲果然没有等待别的将领一起

进攻，就带着自己的部队进攻金兵，吃了大亏，等别的将领带兵去支援姚平仲的时候，败局已定。失败后，朝中奸臣又把兵败的责任强加给李纲和种师道。

金军受到攻击后，派出使者威胁钦宗。胆小的钦宗马上许诺割地赔款，然后送去了人质。得到允诺的金兵这才心满意足地向北退了回去。

金兵一退，奸相李邦彦又罢免了劳苦功高的种师道和主战派大臣李纲。金兵了解到名将种师道被罢免，李纲也不再任职，朝中只剩下一群无能的官僚，因此又一次派兵南下。惊慌失措的钦宗又派人去请种师道来京城主持大局。

年老的种师道到达京城后，已经病得不行了。到十月份时，悲愤交加的种师道去世，享年七十六岁。

种师道谋略超群，治兵有方，却遇到宋朝最昏庸的皇帝，被折腾来折腾去。他以年老多病的身躯，不断为反复无常的宋朝皇帝奔走，最终病逝，可悲啊。

知识链接

赢得生前身后名

北宋的汴梁被攻破后，金兵将领对种师道仰慕已久，很想拜望一下，但种师道已经去世，只能找到他的侄子种洌，说道："我们曾在战场上与你伯父会过面，真是好将军啊！宋朝倘若听了他的意见，断然不会落此惨败。今天，宋朝或许该明白种将军的忠义了吧。"

宋朝被俘官员听了，都忍不住仰天长叹。

种洌护送种师道的灵柩返回故里时，遇到了一伙强盗，强盗一看是种师道的灵柩，纷纷下拜致哀，并赠送金钱。

千古第一才女

李清照的父亲是苏轼的学生李格非，学识渊博，母亲王氏是状元王拱宸的孙女，文学修养深厚。出生在书香门第的李清照，自幼爱书如命，经常出没于家中的书房。别人家闺女都是脂粉敷面、针绣女工，李清照却是舞文弄墨，如文坛名士一般。当时的文坛名士——苏轼的大弟子晁补之见了李清照写的文章，大加赞赏。李清照虽然生在深闺，但是声名却传遍了整个京城。

李清照经常写诗作文，偶尔也写写词，来抒发自己心中难掩的快乐。李清照十几岁的时候，就写出了流传千古的《如梦令·昨夜雨疏风骤》。李清照这首词文笔优美、意境深远，在当时轰动了整个京城。李清照开始在词坛崭露头角了。初次写词就尝到甜头的李清照，就像第一次吃糖的小孩子一样，从此就放不下对写词的喜爱了。

十八岁的时候，李清照嫁给了太学生赵明诚。婚后夫妇二人生活俭朴，除了喜欢书籍、古玩之外，再没有别的爱好。两人经常节衣缩食来购买自己喜欢的这些东西。李清照喜欢写词，赵明诚喜欢研究金石，夫唱妇随，李清照也开始帮助自己的丈夫大量收集、研究金石。夫妇二人立志金石，不能自已，甚至到了典当家用物品求购金石的地步。婚后的生活虽然俭朴，然而两人情投意合，志趣高雅，充满了幸福与欢乐。

两年之后，赵明诚终于做了官，他们的生活有了保障，但是两人依然过着简朴的生活。

两人的婚姻生活本来非常幸福，可是突然天降横祸。新旧党争波及到了李清照的父亲，按照朝廷的规定，新党和旧党的子女之间不能结婚，不能居住在京城。李清照的父亲属于旧党，而赵明诚的父亲是新党。李清照万般无奈，只好辞别赵明诚，追随家人回到了家乡。这边李清照回了家乡，那边赵明诚又出事了。赵明诚的父亲被奸相蔡京陷害，失

知识链接

金石录

宋朝赵明诚和李清照夫妻二人共同编著《金石录》。《金石录》时间跨度较大，从上古三代开始，到隋唐五代结束，详细记载了各种钟鼎彝器的铭文款识和碑铭墓志等石刻文字，是我国早期的金石目录和研究专著之一。

去了官职，不久之后就去世了。赵明诚受到牵连，也被剥夺了官职，赶出了京城。李清照听到丈夫赵明诚的消息，赶来和丈夫会合，一起回到了赵明诚的老家——青州。

蛰居青州多年，李清照和赵明诚夫妇每日忙于研究金石字画，偶尔写写诗文，抒发一下心中的快乐及不满。在青州的日子里，李清照辅助自己的丈夫，完成了著名的《金石录》，并亲自写序。

后来，新旧党争缓和下来，赵明诚受朝廷征召去南京做官，李清照又随着丈夫离开青州赶赴南京。在青州生活多年的李清照舍不得离开这里，舍不得多年交往的一班姐妹，为了抒发分别的痛苦，写下了著名的《蝶恋花·晚止昌乐馆寄姊妹》。

> **知识链接**
>
> **李清照《如梦令·昨夜雨疏风骤》**
>
> 昨夜雨疏风骤，浓睡不消残酒，试问卷帘人，却道海棠依旧。知否，知否，应是绿肥红瘦。

李清照夫妇到南京不久，宋朝发生了一件惊天动地的大事——靖康之变。宋徽宗和宋钦宗父子两人被俘，后宫佳丽几千，都被金兵押解到北方去了。宋朝的北方完全陷入水深火热之中，大量臣民开始向南奔逃。在这样风雨飘摇的环境中，赵明诚病逝了。李清照从此失去依靠，开始了寄人篱下的生活。丈夫病逝之后，李清照凭一人之力没法保全大量的收藏，加上时局动荡，他的藏品保留下来的只有很少一部分了。后来李清照不幸又受欺骗，嫁给了贪图珍藏的小官张汝舟。婚后张汝舟发现李清照并没有多少珍藏，经常欺辱李清照。为此，李清照又愤而状告张汝舟，与他离了婚。

　　与丈夫赵明诚永别之后，李清照的生活一直处于飘摇不定的状态中。此时李清照心中充满对丈夫的怀恋，对国破家亡的感伤，一改往日清丽柔婉的词风，写下了堪称千古绝唱的《题八咏楼》，表达了国破家亡的哀愁。

　　一代才女李清照，最终也在孤苦凄凉中死去，享年七十三岁。古今第一才女李清照，国破家亡，身死名留，堪称绝唱。

闯关小测试

1. 《资治通鉴》的作者是（　　）
   A．司马光　　B．苏轼　　C．杨时

2. 李清照被称为"千古第一才女"，下面的事与她无关的是（　　）
   A．善于写词　　B．参与编写《金石录》　　C．抗击金兵

3. "六贼"专权时，执政的昏君是（　　）
   A．宋神宗　　B．宋哲宗　　C．宋徽宗

参考答案：1. A　2. C　3. C

偏安一隅

北宋灭亡，幸免于难的皇子赵构南逃建立了南宋。赵构当上皇帝后，不顾家仇国恨，一味向金国屈膝投降。

陷落于敌的北方故土，尚有不屈的男儿为国为家拼死抗争；南方的士子们，也为国尽忠，征战疆场。身居皇位的赵构却只懂得明哲保身，打压能臣武将。

收复疆土无望，偏居一隅的南宋王朝，又苟延残喘持续了一百多年。

赵构称帝

南宋高宗赵构是宋徽宗的第九个儿子。当皇帝之前，赵构曾准备以皇子的身份出使辽国，后来接受宗泽劝说留了下来，没有去辽国，才没有被灭辽的金兵扣押。后来他被钦宗加封为天下兵马大元帅，金兵第二次南下准备包围开封时，宗泽请求赵构召集天下所有的军队来保卫开封，赵构不但拒绝了宗泽的请求，反而为了不跟金兵交锋，率领着部

知识链接

天下兵马大元帅

天下兵马大元帅是中国古代的军职，负责征伐大事。

靖康之难后，赵构被委任为天下兵马大元帅，率军打击金兵，但是他没有尽到护国安民的义务。

队跑到山东去了。金兵几十万大军包围开封,孤立无援的徽钦二帝被俘,北宋灭亡。

金兵灭亡了北宋,扶持张邦昌做皇帝。张邦昌还算有自知之明,知道自己做皇帝名不正言不顺,金兵一撤退,张邦昌马上将皇位让给了赵构。赵构担心开封城里有张邦昌的党羽,自己在开封登基会被别人控制,因此选择在河南商丘登基,历史上称之为南宋,赵构就是宋高宗。

登基后的宋高宗,为了迎合主战派官员,任命李纲担任丞相。李纲任丞相,一心想要北伐收复故土,宋高宗却担心万一北伐成功,徽宗和钦宗两人被接回来,那自己的皇帝就当不成了,或许还会因为受到猜忌被杀。所以高宗在不久之后就罢免了李纲,开始任用一些议和派。担心金兵再一次南侵的宋高宗一路狂奔到扬州,准备将扬州建设成首都。他刚跑到扬州,金兵又追赶来了,他又一路跑,跑到了杭州,在杭州惊魂未定,苗傅和刘正彦两人又利用士兵对朝政的不满,发动了南宋历史上著名的"苗刘之变"。"苗刘之变"中,多名议和派大臣以及宦官被杀,宋高宗被迫退位,后来在大将韩世忠、张俊等人的支持下,宋高宗才重新

登上皇位。

重登皇位的宋高宗正忙得焦头烂额，金兵又一次南下，这次他们直接渡过长江，朝着杭州杀来。软弱、自私的宋高宗只能带着大臣逃跑，最后跑到海边，驾着船在海上生活了好几个月。金兵在江南地区劫掠一番，发现还没有能力治理这些地方，就撤兵了。在撤兵途中，金兵十万多人被南宋大将韩世忠率领的八千多人围堵在黄天荡，士气大挫。从此金兵再也不敢轻易渡过长江南侵了。

从海上归来的宋高宗，一面派人联络各地的将领，一面派人向金国割地求和。金国答应了宋高宗的请求。宋高宗为了巩固自己的统治，将都城建在风景如画的杭州。因为杭州自古以来属于烟花之地，经济发达，人民生活富足，且离海又近。将都城建立在杭州，和平时节可以好好享受杭州的美景，一旦有变，就可以驾船逃到海上去。宋高宗建都杭州，只是为了能够做皇帝享受，根本就没想过要收复国土，报仇雪耻。

南宋政权在江南站稳脚跟之后，对外派兵驻扎各战略要点，一意防守；对内任用奸相秦桧，准备偏安江南。北宋末年的时候，各地起义不断，宋高宗一面派人去剿灭起义军，一面向金兵请和。

由于前线的将领岳飞、韩世忠等人，战斗勇猛，多次击败了金兵，并且一路带兵北上，大有收复北宋故土的趋势。金兵打不过岳飞等人的部队，正在焦急，这时正好宋高宗派人请和，金兵便提出要求，只有南宋杀掉名将岳飞，他们才会和谈。

▲ 南宋第一个皇帝赵构

赵构是宋徽宗第九个儿子。金兵掳走徽钦二帝后，他在河南商丘即皇帝位，改元建炎，这就是南宋王朝的开始，他就是南宋的第一个皇帝宋高宗。

知识链接

苗刘兵变

宋高宗南渡之后宠信宦官，任由他们在朝堂之上作威作福，引起大家的不满。于是苗傅和刘正彦发动兵变，胁迫宋高宗退位。

消息传出去后，张浚、吕颐浩等纷纷起兵勤王，大举出兵讨伐。最后高宗复位，苗傅和刘正彦被杀于建康。

私而忘公的宋高宗，马上派人召岳飞入朝，并且捏造罪名杀掉了岳飞。岳飞死后，幸灾乐祸的金国才与南宋签订了和议，历史上称为"绍兴和议"。

公元1161年，金兵再次南下准备灭掉南宋，结果在采石矶被书生虞允文指挥的宋军击败，金国皇帝完颜亮也被自己的部下杀害。宋高宗非但没能趁着金兵内乱向北收复故土，反而派人去跟金兵议和。

此后一年，懒理朝政的宋高宗将皇位传给了自己的儿子，自己躲在后宫里，每日欢歌纵酒，恣意行乐。

公元1187年，八十一岁的宋高宗终于死掉了。宋高宗在前半生，由于贪生，使自己的父母亲被俘受辱；后半生，由于怕死，苟延残喘，卑躬屈膝。一个皇帝，竟然以私欲凌驾于国家利益之上，为了保全自己的性命，视其他人的性命如草芥，实在是昏庸至极。

不思北伐、纵情享乐的宋高宗

社稷之臣李纲

两宋之际的名臣李纲是江苏无锡人,他在徽宗年间担任监察御史,言辞激烈地议论朝政过失,被昏聩的宋徽宗罢去了监察御史一职,调职他用。时隔几年,开封发大水了,很多房屋被淹毁,也淹死了好多人。李纲因此上书徽宗,希望他能够在解决外患的同时,注意一下内忧的问题。自欺欺人的宋徽宗认为现在不是讲这种事情的时候,于是把李纲贬官到福建去了。

宋徽宗原以为将李纲贬官外地,就没有人经常讲些逆耳之言来烦扰他,他就可以安心当自己的逍遥皇帝了。谁知在公元1125年,金兵南下,宋徽宗的美梦终于被金国的铁蹄踏破。面对强敌,他只能将希望寄托在能臣武将身上了。于是他急急忙忙地将李纲调职回朝。由于徽宗做皇帝期间,任用奸臣,导致天下人都对徽宗失去了信心,李纲建议徽宗禅让皇位给太子赵桓,希望借用新皇登基,鼓舞天下人的士气,召集天下人一同抵御金兵的铁骑。钦宗赵桓登基后,命令李纲负责开封的守卫工作,同时采纳李纲等人的建议,诛杀了童贯等"六贼",一时天下人心大快,人人都寄希望于钦宗。

李纲选派将领分别守卫开封的四面,发动人民群众来帮助军队守城,给军队运输武器粮草。金国

▲ 李纲

李纲是宋朝的抗金名臣,因抗金事迹受到后人尊敬,林则徐称他为"进退一身关社稷,英灵千古镇湖山"。

知识链接

"绍兴和议"

公元1142年,南宋和金国签订议和协议,主要内容为:

1. 南宋、金国以西起大散关、东沿淮河之线为界;
2. 南宋向金国称臣;
3. 南宋每年向金输纳银25万两,绢25万匹;
4. 南宋割唐州、邓州、商州、泗州及和尚原、方山原等地给金国。

经过绍兴和议,南宋和金国结束了连续10余年的战争,南北对峙的局面自此形成。

十几万大军攻城，李纲亲自站在城墙上，监督士兵作战。开封军民拼死抵抗，终于击退了金兵的进攻。金兵的主帅完颜宗望认为依靠军队没法攻破开封，就派出间谍来宋朝进行劝降。

徽宗年间"六贼"当政，致使朝内的坚贞之士或被贬官在外，或被迫退休。等钦宗上台，大量昏庸无能的人充斥着朝廷，朝中只有李纲等数人可用。金国的间谍来诱降，那些早就想投降的"太平官"，终于等到了机会，于是一起上书钦宗，希望议和。李纲痛斥这些准备议和的大臣，坚决反对金国提出的割地赔款的要求。

这时，将军姚平仲担心种师道抢功，因此请求带兵攻打金兵，李纲同意了姚平仲的请求。结果姚平仲在攻打金兵的时候一意孤行，没有和种师道等人协同作战，最终大败。失败的姚平仲担心朝廷惩罚自己，就带着残兵跑了。金兵这一次打败了宋军，很强硬地派人来要求宋朝割地赔款。投降派趁着这个机会，大肆抨击李纲，要求惩罚他。软弱无能的钦宗听信了投降派的话，罢免了李纲的相位，还准备将李纲派到很远的地方去任职。开封的人民听说大臣李纲被罢免，悲痛欲绝，在太学生的带领下跑到皇宫去情愿。宫内守卫看到宫外黑压压一片，根本不敢开门。钦宗看到这么多人支持李纲，如果自己决意罢免他，愤怒的人民万一冲进皇宫，自己的性命可能就不保了。迫于压力，钦宗又将李纲官复原职。

李纲被官复原职，但是钦宗仍然不听李纲的建

知识链接

上有天堂，下有苏杭

这句话出自宋朝范成大的《吴郡志》："谚曰：'天上天堂，地下苏杭。'"意思是说天上最美丽的地方是天堂，人间最美丽的地方是苏杭，以此形容苏州、杭州的繁华与美丽。

完颜宗望

完颜宗望是金太祖完颜阿骨打的次子，金朝名将。

他经常跟随金太祖阿骨打南征北战，屡立战功，宋朝人称他为"二太子"，在一段时间内把他视为金军的化身。徽钦二帝正是被完颜宗望所俘获。

议,在一帮昏庸无能的投降派的支持下,终于向金国割地赔款,金兵这才满意地撤退了。

打败了敌人,却又给敌人割地赔款,这听起来是多么荒唐可笑的事情,这种事情可能也只有北宋末年的皇帝能做得出来。李纲率领开封军人打败了进攻的金兵,各地的将领也都带着部队赶到了开封附近。这时如果钦宗在内任命李纲等贤臣主持朝政,在外以名将种师道为帅带兵抵抗金兵,宋军就可以避免被动挨打的局面,也不至于出现一年后被金兵俘虏的结局。

金兵的要求得到满足后撤退了,金兵刚一撤退,对外软弱无能、对内咄咄逼人的投降派就又来劲了,他们一致排斥和诬陷李纲,结果李纲又一次被贬到地方去做了一个小官。

金兵打探到钦宗罢免了李纲,知道北宋朝内无人,于是又派兵南下。钦宗情急之下想起了李纲,调李纲入朝来抵御金兵的进攻。李纲接到命令,知道情况紧急,日夜兼程向开封赶来,可是走到半路的时候,就得到"徽钦二帝被俘,北宋灭亡"的消息。

忠心于宋朝的李纲听说宋高宗在河南商丘登基,就赶到商丘,寄希望于宋高宗,希望他能选贤任能,一扫以前皇帝的弊政,为天下苍生造福。宋高宗知道李纲是一个很有才干又很忠心的人,于是任命李纲为丞相。李纲做了宰相,坚决主张罢免一切议和的官

知识链接

太学生

太学生是就读在国子监的学生。国子监是中国古代的中央官学,始设于隋朝,后来成为历朝历代教育体系中的最高学府。

▼ 南宋鎏金双凤纹葵瓣式银盒

员，惩罚张邦昌以及其他曾向金国投降的官员，这却不合宋高宗的胃口。一心想要向金国投降祈饶的宋高宗，在李纲担任丞相才七十天的时候，就罢免了李纲，把李纲贬谪到海南去了。

公元1139年，听到宋高宗向金国俯首称臣，李纲忧愤成疾，一年之后去世了。可怜李纲，一心为国效忠，不辞辛苦，千里奔波，只为保住大宋的江山，谁知遇上软弱昏聩的皇帝，虽然不断奔波，可也无力回天。

文武兼备的宗泽

名将宗泽出生在农村,他的父亲是一个农村知识分子。从小勤奋好学的他,读了很多书。大概在十几岁的时候,他们搬家到了一个小镇上。虽然是个小镇,但是由于地处交通要道,交通便利,来往的人员又多,因此宗泽一到这里,就见识到了很多以前见不到的东西。长到二十岁的时候,宗泽就辞别了父母,在外游学去了。他一边游学,一边感受着宋朝的变化。

宗泽出生在北宋末期,那时候宋朝经常受到辽国和金国的攻击,每年要给辽国输送大量岁币,再加上官员人数众多,因此税负繁重,人民生活很艰难。年轻的宗泽想建功立业,为朝廷效力。于是就研究各种兵书,每走到一个地方，都要观察这个地方的山形地利，以方便以后用兵。在短短的几年间，宗泽成长为一个文武兼备的有为青年。

年已三十三岁的宗泽参加科举考试，在殿试的时候，宗泽上万言书，陈述了自己对朝政的看法，并提出了一些建议。因为殿试对文章的字数是有要求的，宗泽的文章字数太多，违反规定，所以他的成绩倒数第一，不过最后还是中了进士。

宗泽在基层担任小官时，朝廷派他去管理开通御河的事情。一天，宗泽视察民夫的工作进度，发现有一个人已经冻僵了，其他的人也冻得活动不灵便了。宗泽就上奏朝廷，希望延缓工期，等到明年天气暖和再开挖。朝廷同意了宗泽的请求，因此宗泽救活了好几万人。

宗泽为朝廷做地方官几十年，在每一个地方都取得了很好的政绩。由于自己提出的建议得不到采纳，年岁已老，宗泽觉得自己已经没有机会来为国效力了，因此就请求退休，朝廷也同意了宗泽的请求，宗泽这时候已经六十岁了。

民夫是指在过去为官府、军队服劳役的人

体恤民情的宗泽

偏安一隅 | 文武兼备的宗泽

公元1126年，经过朝中大臣举荐，六十多岁的宗泽被任命为议和的使者，让他去和金国议和。他还没出发的时候，有官员上奏说，宗泽生性刚硬，恐怕不能胜任议和的工作。宋钦宗于是又任命宗泽为磁州的知府。

磁州地处边疆，在那里守卫的士兵一听到金兵来犯，就吓得四处逃散。宗泽上任后，通过考察，提出了防御金兵的办法上奏给宋钦宗，钦宗觉得可以，就把宗泽提拔为河北义兵都总管，让宗泽去处理这些事情。

当年十月，金兵进犯磁州，宗泽以六十七岁高龄，披挂上阵，亲自站在城墙上指挥士兵打仗，下令让手下士兵使用强弓朝冲过来的金兵射箭，冲锋的金兵被打退了，他又马上下令打开城门，追击金兵。这一仗，宋军全胜，金兵大败而回。这也是宋军在与金兵作战时的第一场胜利。

公元1127年金兵二次南下，宗泽带兵抵抗，连续十几次都打败了金兵，然而金兵势大，宗泽最终没能抵挡住金兵南下的脚步。宗泽请求当时的天下兵马大元帅赵构派人联络宋朝所有的兵马来开封勤王，被赵构拒绝了。

宗泽又主动派人联络一些执掌兵权的将领，希望他们带兵来保护京城，结果都没人听他的。还在前线和金兵力战的宗泽，听说其他几路金兵已经包围了开封，将徽钦二帝掳走了，之后又听说张邦昌已经当了皇帝，他愤怒地准备带兵去攻打张邦昌，结果被赵构来信劝止了。

▲ 宗泽

宗泽为人豪迈，性格沉稳，善于用兵。他是进士出身，先后担任县、州的文官，政绩斐然。宗泽曾多次上书请求宋高宗还都东京，并详细制定了作战方略，但是不被采纳。最后他忧愤成疾，临终高声三呼"过河"而亡。

知识链接

文武兼备

文武兼备指一个人既具备文才，又具备武才，也称文武兼济、文武全才、文武兼全等。

一个月之后，张邦昌将皇位让给了赵构，贪生怕死的赵构将都城迁移到河南商丘，然后接受大臣李纲的建议，任命宗泽为开封知府，掌管开封的一切军政大权。金人南侵，皇帝窜逃，以前的京城开封现在盗贼肆虐，人民惶恐终日。有些大盗聚集了数十万人马准备作乱，宗泽一上任，就单枪匹马去招降了这些大盗，然后斩杀了不听话的盗贼，从此开封人民又过上了太平日子。

后来金国集结大军准备再次南下，将领们都很害怕。宗泽下令让将领们修建了二十四道坚固的防御墙，然后派兵去坚守一些战略要地。

金兵得知宗泽的部署，知道进攻占不到便宜，就马上撤退了。从此之后，开封附近的将领们全部都听从宗泽的号令。

宗泽一边奋力抵抗金兵，一边网罗人才，准备收复被金国占领的土地。宗泽见到犯罪待斩的岳飞，认为他是一员不可多得的将才，就将岳飞释放，并且派岳飞去带兵打仗，不久岳飞就声名鹊起。宗泽选拔人才，谋划得当，粉碎了金兵的多次进攻，连吃败仗的金兵都不敢直呼宗泽的名号，把宗泽称为"宗爷爷"。

为国家大计着想，宗泽多次力劝宋高宗回到开封主持大局，收复故土，怯懦的宋高宗始终没有听从宗泽的建议。一心想要收复故土的宗泽，壮志难酬，忧愤成疾，最终病逝，享年七十。

为国忘家、忠心耿耿的宗泽在弥留之际，还想着大宋的江山。病榻上，他从无半点私言，临终前

知识链接

殿试

古代科举考试的一种，由唐朝的武则天创立，盛行于唐宋元明清时期，又被称"御试""廷对"。会试合格的人可以参与殿试，目的是对这些人进行区别等第。

殿试是科举考试中的最高一段，由皇帝亲自出题，殿试中选出的第一名就是我们常说的状元。

什么叫"出将入相"？

"出"指被派到外地任职，"入"指进入朝廷做官。派往外地可以做将军，进入朝廷可以做宰相，指德才兼备，也指担任文武要职。

疾呼三声"渡河"。

有将如此，大志难酬，实在很令人悲痛。

忠勇韩世忠

▲ 韩世忠

韩世忠是南宋著名将领、词人，和抗金名将岳飞、张俊、刘光世并称"中兴四将"。

南宋中兴四将之一的韩世忠，出生于山西农民家庭。他从小喜欢练武，练就了一身本领。长大后，他身材魁梧，气力过人，十里八乡没有一个人是他的对手。当时贪官污吏横行，天灾不断，战争频繁，人民都没法好好生活。有人就对韩世忠说："既然你气力过人，别人都打不过你，你不如去投军，或许还能为国家建功立业。"十七岁的韩世忠听了这个人的劝说，就去参军了。

韩世忠刚参军，他所在的军队就被调到西北地区去抵御西夏的进攻。初次上战场，韩世忠就像一头刚出笼的猛虎，勇往直前，杀得敌人节节败退。由于韩世忠作战勇猛，杀敌无算，被提拔为一名小队长。从一名管理数十人的小队长开始，韩世忠开始显示出他过人的谋略与勇武。

公元1126年，执行任务的韩世忠遇上了金兵的数万人马，韩世忠一边指挥士兵撤退，一边斩杀贸然追来的金兵。经过连日的紧张后撤，韩世忠终于带着自己的部下撤回到了赵州城。数万金兵将韩世忠的部队围困在赵州城内，准备困死他们。

赵州城内将寡兵少，又缺少粮草。有的部下建

> **知识链接**
>
> **中原**
>
> "中原"一词广义上指以洛阳和开封一带为核心的黄河中下游地区，狭义上指现在的河南省。
>
> 当与外族发生战争时，中原特指中国，成了一个更大的概念。

议投降，有的建议弃城逃跑，两派吵得不可开交。为了稳定军心，团结作战，韩世忠下令军中："有谁敢说弃城逃跑，定斩不饶。"手下将领们听到韩世忠的号令，再也不敢多说什么了。

当天晚上，寒风刺骨，韩世忠准备趁着恶劣的气候夜袭金营，谁曾想，突然天降大雪，韩世忠心中一喜："老天助我。"于是他选拔了三百名得力的勇士，换上缴获的金兵服装，晚上从城墙上偷偷用绳子吊下去，悄悄摸进金兵主帅大帐，杀了金兵主帅，然后放火烧了金兵的军营。夜色中，慌乱的金兵分不清敌我，乱作一团。韩世忠派出的三百名勇士顺利归来。

当天夜里，金兵有被烧死的，有在慌乱中相互践踏死的，还有的在混乱中不分敌我相互攻击而亡的。惶恐了一夜的金兵，顾不上为主帅报仇，也顾不得休息，马上退却了。

从此，韩世忠声名鹊起，逐渐从一个中下级军官成长为掌管一方军权的大将。

公元1129年，将官苗傅和刘正彦发动了政变，逼迫宋高宗让皇位于自己三岁的儿子，朝中大臣急忙联络在外手握有兵权的韩世忠和张俊等将领，希望他们能够带兵还朝，歼灭苗傅和刘正彦。

韩世忠一接到消息，马上带兵回杭州，歼灭了苗傅和刘正彦，拥护高宗赵构还朝。宋高宗又一次掌握了权力，马上给韩世忠加官进爵，封韩世忠为节度使。

公元1129年，金兵在完颜宗弼的率领下再次南侵，直奔杭州。韩世忠料想金兵孤军深入，粮草不济，在南宋军民的联合打击下，一定会撤退的。于是，韩世忠派兵埋伏，准备截击北撤的金兵。次年，金兵果然北撤，到达镇江。韩世忠为了迷惑敌军，假装自己在外地游玩，然后突然集结了八千多人马，迅速驾船驶向镇江，围堵金兵。前有伏击，后有围堵，金兵被迫退入黄天荡。本以为退到黄天荡就可以远走高飞的金兵，却没想到黄天荡是死路一条，插翅难飞了。

十万金兵被困黄天荡，陆地上有宋军阻拦，没有出路，准备从长江逃窜，却打不过韩世忠指挥的水军。被困一月之余，金兵死伤过万。金帅完颜宗弼派使者向韩世忠请和，被韩世忠斥退。韩世忠日夜调兵遣将，准备在黄天荡一举歼灭数十万金兵，然后挥师北上迎接徽钦二帝还朝。没想到在正关键

知识链接

什么叫"卑躬屈膝"？

"卑躬"指低头弯腰，"屈"指弯曲，"屈膝"代指下跪。成语表示为了讨好别人而低声下气，用来形容一个人没有骨气、一味讨好、卖身求荣。

的时候，有人向金兵献计献策，金兵连夜挖了一条河道沟通了最近的河流，趁着夜色逃走了。

韩世忠在黄天荡没能够歼灭全部金兵，但是他有力地打击了金兵的嚣张气焰，鼓舞了南宋军民的士气。

在韩世忠、岳飞等将领的勇猛打击下，金兵节节败退，宋军大有踏破金国直捣黄龙的趋势，却没想到朝中的投降派秦桧等人以"莫须有"的罪名将岳飞杀害，削夺了韩世忠的兵权，向金国求和。韩世忠看到岳飞身死，自己被剥夺了兵权，当时大好的形势被投降派白白葬送了，感到自己也无力回天，于是辞掉官职，终日借酒消愁，最终忧愤成疾，于公元1151年去世，享年六十二岁。

一代名将韩世忠，身居高位，威震八方，面对奸臣构陷名将岳飞，对敌人屈膝求和，却无能为力，只能借酒消愁度过晚年。南宋势弱，不在民，不在军，不在将，而在于执掌权柄的皇帝。

岳飞精忠报国

岳飞是南宋时期最著名的爱国将领，他是相州汤阴人，小时候就很勤奋好学，学会了一身的好武艺，还不到二十岁时，北方的金国入侵宋朝，岳飞投军报国，后来因为他的父亲去世了，便退伍回家守孝。

公元1126年，金兵再次大举南下，入侵中原。满腔热血的岳飞决定再次参军。他把自己的决定告诉母亲后，岳母没有反对。临行前，岳母把岳飞叫到身边问："你真的已经决定好了？"岳飞坚定地回答："是的，母亲。孩儿决心精忠报国，到前线杀敌。"岳母满意地点点头，她看着儿子坚毅的脸庞，做了一个决定："好孩子，把上衣解开。"岳飞顺从地把上衣解开，露出了结实的后背。岳母捏着钢针，心疼地问："孩子，为娘要给你的后背刺字，你忍得了吗？"岳飞摇摇头："母亲，与上前线流血牺牲比起来,小小的钢针刺身又算得了什么呢?"岳母重重点头,心里不再迟疑,用钢针在岳飞的后背上纹上了"精忠报国"四个字,并且以醋墨涂抹,使其永不褪色。这就是"岳母刺字"的典故。

岳飞投军以后,很快就因为作战勇敢升为秉义郎,这时金军将宋都开封重重包围,岳飞跟着副元帅宗泽一起前往救援,多次击退金军,宗泽十分赏识他,称赞他"智勇才艺,古良将不能过"。也是在这一年,开封终于在金军的铁蹄下沦陷,宋徽宗和宋钦宗两个皇帝都被金军掳去了北方,北宋王朝灭亡。1127年,康王赵构登基,他就是宋高宗,迁都临安,南宋就此建立。

岳飞上书高宗,要求收复失地,反倒被革了职,于是他改投到河北都统张所的部下,在太行山一带坚持抗击金军,屡建战功。后来再一次回到东京留守宗泽的部队,凭借战功升为武功郎。宗泽死了以后,他又跟着继任的东京留守杜充守

卫开封。建炎三年（1129年），金将兀术率金军再次发动南侵，杜充先是丢弃开封，后来又在建康不战而降，导致金军得以顺利渡过长江天险，很快就直扑临安，高宗不得不流亡海上。

这时岳飞率孤军坚持在敌后作战，多次打败金军，尤其是第二年在牛头山大败金兀术，收复建康，金军不得不暂时打消了灭亡南宋的念头，撤回了北方。从此，岳飞的威名传遍了大江南北。

此后的几年当中，岳飞一直念念不忘北伐，收复失地，但总是不能得偿所愿，这其中最大的障碍，就是对北伐收复失地比较消极的宋高宗。绍兴九年（1139年），在宋高宗和奸相秦桧的主持下，南宋正式和金国议和，南宋向金称臣纳贡。愤慨的岳飞主动上表要求"解罢兵务，退处林泉"，以表达自己的不满。

然而只过了一年，金国大将兀术便单方面撕毁合约，率领大军再次南下，准备一举消灭偏安的南宋。面对这种危局，南宋皇帝一声令下，岳飞等将领马上率兵北上迎敌。其中，主持中原战区的将领是名将岳飞，他一边差人联络前线的抗金义军，一边领兵主动出击，陆续收复了不少失地，然后在郾城和金军主力决一死战。在这场大战中，兀术把军中精锐——铁浮屠派了出来。那是一群身高力壮、头戴铁盔、身披铁甲的猛士，兀术十分看重他们。但岳飞毫不胆怯，指挥着儿子岳云领兵出战，大宋军士个个手持刀斧，上劈骑兵，下砍马腿，让金兵措手不及。激战半日后，金兵大败。自此，士气颓

> **知识链接**
>
> **襄阳六郡**
>
> 襄阳六郡即唐州、邓州、随州、郢州、信阳及襄阳府，都处于长江中游地区，有十分重要的军事战略地位。

▲ 宋代钧窑玫瑰紫釉菱花式三足花盆托

丧的金军面对岳家军，再无胆气，只留下"撼山易，撼岳家军难"的叹息。

岳飞这时也乘势追到距离开封只有45里的朱仙镇，百姓的抗金情绪也空前高涨，岳飞他在这里招兵买马，联络河北的义军，他准备乘胜追击，渡过黄河，"直捣黄龙府，与诸君痛饮耳"！黄龙府在北方的金国境内，被掳走的宋徽宗和宋钦宗就被关押在这里。

眼看着抗金局势一片大好，谁也没想到的是，在前线的岳飞一天之内居然连续收到十二道要求退兵的金牌！原来，宋高宗和秦桧见岳飞连战连胜，威信越来越高，担心他威胁到自己的统治，于是强行下令退兵。岳飞无奈之下，仰天悲叹："十年之功，毁于一旦！所得州郡，一朝全休！"

壮志难酬的岳飞就这样挥泪班师回朝，断送了大好的局面。岳飞回到临安以后就被解除了兵权。绍兴十一年（1141年），高宗和秦桧派人向金国求和，兀术趁机提出了要求：先杀岳飞，才能议和。秦桧就派他的爪牙诬陷岳飞谋反，将岳飞和他儿子岳云、部将张宪一起抓进了大狱。另一名抗金名将韩世忠听说这件事后，十分愤怒，于是到秦桧面前质问他："相公说岳飞谋反，可有证据？"秦桧面无表情地说了三个字："莫须有。"也就是或许有的意思。这个说辞令韩世忠大为恼火，拂袖而去。

但这也无法挽救岳飞的悲惨命运，绍兴十一年的十二月二十九日（1142年1月27日），岳飞三人被毒死在临安风波亭，这时他只有三十九岁。后来

> **知识链接**
>
> **岳家军**
>
> 岳家军是南宋初年由岳飞领导的抗金军队，以牛皋、董先等部义军为主干，后来收编杨么等农民义军的部众，吸收山东梁兴、李宝等忠义社的民众，队伍壮大。
>
> 岳家军的军纪严明，不伤害百姓，有"冻死不拆屋，饿死不掳掠"的军令，金人称"撼山易，撼岳家军难"。
>
> 岳家军长久驻扎在鄂州（今湖北武昌），南宋末年奋勇抵抗金蒙的将士，许多都是岳家军子孙。

到了宋孝宗时，岳飞才得以沉冤昭雪，到了宋宁宗的时候又被追封为鄂王。

知识链接

秦桧送鱼

有一次，秦桧的妻子王氏在皇宫里陪皇后吃饭，皇后让王氏尝尝清蒸鲻鱼，并问她吃过没有。当时秦桧正专权，家中藏有朝廷的贡品，便说她吃过，而且个头比宫里的还要大不少，还说下次要给皇后送几条。

王氏回到家后，把这件事原原本本给秦桧说了一遍。秦桧非常害怕，如果皇帝知道相府的鱼比皇宫的还好，一定会怀疑自己的。弄不好还要杀头。但是秦桧忽然想到一个好办法，他让王氏亲自进宫送了几十条青鱼。皇后一看，笑道："我说你们怎么会有鲻鱼，原来净是些青鱼啊。"

绍兴和议

南宋刚建立的时候，北方已经沦为金兵的乐土。他们的铁蹄纵横驰骋，百姓备受苦难，金兵甚至随时准备南下入侵。就在这种时候，南方的宋高宗小朝廷还一心准备和金国议和。

当时抗金的形势是比较好的，岳飞、刘锜等率领的宋军多次击败入侵的金军，甚至眼看就可以收服北宋的首都开封了，但是担心再这样打下去就会惹怒金朝、无法议和的宋高宗强令撤军，错失一举收复失地的良机。为了让金国人相信自己是真心求和，宋高宗还打着论功行赏的名义，将韩世忠、岳飞等抗金猛将都召回临安授以高位，实际上却夺去了他们的兵权。

而宋高宗这一系列的动作里面，都有一个遗臭万年的奸臣的身影，他就是秦桧。秦桧本来是北宋时期的大臣，在靖康之乱里，秦桧和徽钦二帝一起被金兵掳到了北方，在金太宗面前，秦桧卑躬屈膝，低声下气，毫无气节可言。金太宗觉得这个人还有些才干，就将他派到大将挞懒的军中当了一名军事参谋。这时金朝看出来南宋的抗金力量越来越壮大，再加上岳飞、韩世忠等这些忠心耿耿的大将都坚决主战，很难对付，就决定施展一项阴谋，放秦桧回南方，去当内奸，破坏抗金事业。建炎四年（1130年），挞懒在进攻楚州时，找了个机会，将秦桧放了。

"逃出生天"以后，秦桧立刻跑到越州，到宋高宗的行宫中觐见。在皇帝面前，秦桧把自己的经历一通胡编乱造，说自己到底是怎样才千辛万苦地从楚州逃出来。大臣们听到秦桧滔滔不绝地解说，心中产生了种种疑惑：楚州距离越州非常遥远，单凭秦桧一个手无缚鸡之力的书生，究竟是怎么千里迢迢躲过金兵的层层防线、重重追捕，平安无事地来到了越州呢？何况他还领着自己的妻子王氏。

然而当时的宰相范宗尹和秦桧是老相识，他竭力在高宗面前替秦桧遮掩，又说秦桧不仅非常可靠，还是一个不可多得的人才。宋高宗本来就整天想着要和金朝讲和，一听从金朝回来一个人，还对金朝的情况十分熟悉，马上就召见了。秦桧一见到高宗就劝他和金人议和，还奉上了一份自己代朝廷起草的求和信。宋高宗顿时觉得自己和秦桧臭味相投，他马上让秦桧做礼部尚书，没几个月又提升他做了副宰相，半年后秦桧就当上了枢密使，将南宋军政大权掌握了在自己手里，这时他就开始紧锣密鼓地实施他的"求和"大计。

面对南宋主动送上来的橄榄枝，金国十分高

▼ 太师椅

中国古家具中用官职命名的椅子。

根据史书记载，北宋时期的交椅仅有一种样式，但是大小官员都喜欢使用。

有一次，太师秦桧在交椅上一仰头，头巾就掉到了地上，京尹吴渊看到后，便设计了一个托首，命工匠做好后安装在交椅上，取名为"太师样"。

因为这是专为秦桧设计的，"太师椅"便由此而来。

兴，因为他们现在也需要罢兵休整。这一方面是因为后方有八字军等民间义军的抗金活动，金军的兵力被牵制住了，也没有太大的力量可以继续南下入侵南宋；另一方面，岳飞等抗金将领的英勇作战，也是金军暂时很难突破的屏障。所以南下攻宋对于现在的金国来说，是心有余而力不足。

绍兴十一年（1141年），南宋派魏良臣作为使臣前往金国提出议和，之后，金国的三位使臣随魏良臣来到临安，经过交涉，最后双方签订了条约，因为发生在绍兴年间，所以在历史上被称为"绍兴和议"。这份合约的主要内容是：宋朝皇帝向金朝皇帝称臣；两国的疆界，东以淮河中流为界，西以大散关为界；南宋将唐州、邓州两州还有商州、秦州大半的土地割让给金国；此外，宋朝每年还要向金朝纳贡银25万两、绢25万匹。作为交换，金朝将已经死去的宋徽宗的棺椁，

以及在"靖康之难"中被掳走的高宗生母韦太后送还给宋朝。

就是这样一份耻辱的"不平等条约",秦桧却丝毫不以为耻,反倒宣称自己为南宋赢得了和平,从今以后就可以调养生息,日后再战,非常厚颜无耻。从此以后,南宋高宗君臣根本不知道什么是卧薪尝胆、意图雪耻,而是觉得从此可以高枕无忧,每天过着花天酒地的颓废生活,任何一个大臣,只要再提抗金两个字,都会遭到罢斥。绍兴和议的内容里还有一条附加条件,那就是宋朝"不许以无罪去首相",这背后的含义其实就是将高宗罢免秦桧的权力给剥夺了。于是,有了来自金朝的护身符,从绍兴和议一直到秦桧死前,南宋的朝廷上下,都呈现出一种前所未有的黑暗和窒息感。

> **知识链接**
>
> **秦大士的对联**
>
> 乾隆年间有位状元名叫秦大士,和诗友到杭州游览岳王庙,看到岳王坟前面铁铸的秦桧夫妇跪像。
>
> 他的诗友戏谑秦大士,说秦桧姓秦,他也姓秦,是不是秦桧的后裔?并让秦大士写下对联记述这件事。
>
> 秦大士大笔一挥,写下一副对联:"人自宋后羞名桧,我到坟前愧姓秦。"以此来表达自己强烈的爱国心。
>
> **箭术高明的刘锜**
>
> 传说刘锜善于射箭,小时候就箭术高明。有次他随父亲打仗时,看到营门口的水缸里盛满了水,刘锜拉弓射箭,一下就射中水缸,拔出箭矢后水流如注。
>
> 刘锜接着又射了一箭,正好堵住原来的箭孔,在场的人无不惊叹。

天资忠义的刘锜

南宋抗金名将刘锜是甘肃静宁人,他的父亲就是泸川军节度使刘仲武。刘锜年纪轻轻就被朝廷派去担任低级武官。由于刘锜勇猛善战,不久就被提拔为一位带兵的将军。

公元1140年,金兵撕毁与南宋的和约,大举进攻顺昌,得到消息的刘锜连夜带兵赶到顺昌,准备抵御完颜兀术的进攻。宋军中有的将领建议弃城逃跑,刘锜告诉大家说:"我星夜兼程带兵赶来就是来保卫我们大宋的江山的,现在我们驻扎在城内可以据城防守,为什么要抛弃城内的百姓和军队的家属而逃跑呢?"为了表达自己坚决抵抗金兵的决心,刘锜下令军中,如果谁再敢说逃跑,就斩了他。

当时军中将领和士兵的家属大部分都在顺昌城内,刘锜为了鼓舞士气,派人将军队的家属全都安置在一座寺庙中,并派人去保护他们。准备和金兵决一死战的刘锜下令烧毁所有船只,与顺昌城共存亡。

金兵的先锋部队到达顺昌,开始攻城。金兵的先锋部队人数不多,刘锜于是使用计谋,将这些先锋部队打败了。

等到金兵的两路大军都到达了顺昌城下,并且发动了进攻,刘锜便下令使用巨大的弓弩,不断朝着冲锋的金兵射击,金兵受到狙击,无法前进。

知识链接

先锋部队

在古代,军队行军打仗往往需要一支专门打探道路、摸清敌情的部队,这就是先锋部队。

另外,先锋部队通常也是首先和敌军交手的部队。如果能在正式开战顺利取胜,将能够极大地鼓舞士气。因此,先锋部队都是由军队的精英来担任。

◀ 宋代鎏金银八角杯

偏安一隅 | 天资忠义的刘锜

刘锜又派军队出击，引诱金兵进攻，上当的金兵再次发起冲锋，宋军又用巨大的弓弩朝他们射击。如此反复多次，金兵伤亡惨重，再也不敢发起进攻了。

又过了两三天，金兵来了增援部队。用兵神出鬼没的刘锜此时又下令打开城门，金兵看到顺昌城门大开，不知道刘锜到底要做什么，于是将顺昌团团围住，安营扎寨。

刘锜招募了一支几百人的敢死队，派他们晚上去劫营。劫营的士兵出发之前，天上大雨滂沱，雷声不断。宋军的敢死队趁这个时候金兵懈怠，突然发动进攻，连续攻破了金兵的好几座营寨。连着几天，刘锜都派敢死队去劫营，接二连三地冲击金兵的营寨，金兵被打得不敢进攻了。

金兵失败的消息传到了金兵统帅完颜兀术的耳朵里，震怒的完颜兀术亲自率兵来攻打顺昌。完颜兀术集结大军朝顺昌进发的消息传来，将领们又劝刘锜说："现在我们打了这么多胜仗，应该见好就收，坐着船回到南方去。"

刘锜慷慨激昂："养兵千日用兵一时，现在敌人进攻我们国家，我们就应该拼死力战，保卫国家，保卫人民。现在我们一撤退，所有的将军就都和我们一样撤退了，那我们非但不能杀敌报国，还会误国的。"

听了刘锜讲的话，将军们非常感动，表示愿意追随刘锜，和他一起攻打金兵。完颜兀术在和刘锜战斗

> **知识链接**
>
> **"铁浮图"和"拐子马"**
>
> "铁浮图"是完颜兀术的铁甲骑兵。这种骑兵三匹马为一伍，连在一起，只能前进，不能后退，远远望过去好像"铁塔"一般。
>
> "拐子马"是两翼的骑兵，主要用于冲击和突破，往往对战争起着决定性作用。
>
> 两者都是金军的重装精锐骑兵部队，担任攻城和冲杀敌军的主要任务。

之前，派出了自己的杀手锏"拐子马"和"铁浮图"，刘锜研究了金兵的这种战术，有针对性地进行战斗部署，很快就打败了金朝的"拐子马"和"铁浮图"。完颜兀术的部队被刘锜连续打败，实力大挫。

可是过了几年，不死心的完颜兀术再次带兵南下攻打南宋。宋高宗命令刘锜和张俊、杨沂中等人会兵一处，准备抵御金兵。

金兵和宋军对阵，宋军一箭射杀了金军的一位将领，然后向金军发动进攻。完颜兀术派他的精锐部队"拐子马""铁浮图"从两翼包抄宋军，宋军将领使用刘锜以前的战法，粉碎了完颜兀术精锐部队的进攻，打退了敌人。

接着刘锜和杨沂中等带兵追击金兵，取得了战斗的最后胜利。

金兵看到了刘锜部队的旗帜，说："这就是原来驻守顺昌的军队"，于是带兵撤退。

过了一些日子，朝廷命令这些军队班师回朝。这时他们突然接到报告说有一个城市被金兵占领了，于是刘锜和张俊商议，一起去救援这座城市。快要达到这座城市的时候，又听说敌兵已经撤退了，刘锜说："敌兵无故撤退，一定有阴谋。"可张俊等人嫉妒刘锜的功劳，不听劝告，率军打了过去，结果遇到金兵的埋伏，惨败而归。

后来大军班师回朝，张俊、杨沂中多次诋毁刘锜和另一位大将岳飞，说岳飞不支援他们的部队，而刘锜在战斗时总是不尽全力。

奸相秦桧听了张俊等人的话，准备罢免刘锜。

> **知识链接**
>
> **私塾**
>
> 私塾是我国古代的一种专门教育幼儿的机构。它由私人出资创办，主要设立在家庭、宗族或乡村的内部。
>
> 私塾是私学的重要组成部分，主要传授儒家思想。

岳飞上奏，希望保留刘锜的军权，但被朝廷拒绝，刘锜被贬到湖北去做一名地方官。

以前湖北这些地方水利设施不好，每次下大雨都会发生水灾，刘锜到了那里，兴修水利，制服水患，从此那里增加良田万顷，人民生活也有了保障。

公元1162年，时年六十五岁的刘锜去世。一代战将刘锜，用兵神出鬼没，却遭到奸人迫害，无法施展才华。

虞允文大战采石矶

宋名将虞允文本来是一位书生，后来阴差阳错，以书生之智指挥大军，面对十倍于己的金兵，沉着应战，终于大败敌人，扬威天下。

虞允文在七岁的时候就可以写文作诗。年纪稍长就刻苦读书，专心学问。后来凭借父亲的关系，开始进入仕途。他为官多年，名声不显赫，地位也不尊贵，这主要是因为长期担任宰相的秦桧刻意压制四川籍的官僚，导致虞允文为官多年却不能够名显江湖。

后来虞允文辞官参加考试，在四十四岁那年考中进士，开始官宦生涯。正好在这时候，奸相秦桧死掉了，虞允文终于迎来了出头之日。受朝中大臣赵逵的推荐，虞允文在朝内任职，官职越来越高，后来一直做到宰相。

在军马府参谋任上，朝廷派虞允文去采石矶（jī）犒劳军队。虞允文抵达采石矶的时候，长江北岸的

> **知识链接**
>
> **虞允文**
>
> 虞允文是南宋名臣，他相貌伟岸，为人豪迈，起初因文章优秀进入仕途，后来在采石矶军情险急时挺身而出，振奋人心，被朝廷重用，出将入相将近二十年。史书称他"战伐之奇，妙算之策，忠烈义勇，为南宋第一"。
>
> **采石矶**
>
> 采石矶是中国长江中游南岸的一个港口，位于安徽省马鞍山市，地理位置十分重要，与南京燕子矶、岳阳城陵矶并称"长江三大名矶"。南宋时期，这里爆发了著名的采石之战。

金兵正准备船只，想要渡河。当时宋军的主将李显忠还没有到采石矶。群龙无首的宋军，军心涣散，金兵还未渡江，有些人就已经在准备逃跑了。

虞允文看到形势危急，就趁着犒劳军队的机会慷慨陈词："我们都是宋朝的子民，我们要保卫自己的国家！现在敌兵人数比我们多，但是我们可以凭借长江天险攻击敌人。现在敌人还没进攻就准备逃跑，等敌人完全占领了江南地区，你们还能跑到什么地方去呢？那时候必定是死路一条。拼死力战，或许还有活下来的机会。养兵千日用兵一时，今日就是用兵的时刻！"宋军听了虞允文一番肺腑之词，大受感动，一个个摩拳擦掌，准备迎击敌人。

虞允文到达江边，看见江北岸已经筑起了高台，金主完颜亮傲慢地坐在高台上。有派出去的细作回来报告说金兵准备当天渡江。当时金兵有四十万，马匹八十万，宋军才有区区一万八千人，两军兵力完全不成比例。

虞允文下令让主将列阵不动，将所有的士兵分作五队，两队分列东西，中间一队暗藏精兵准备随时出击，还有两队藏在后面，以防不测。宋军刚刚布阵完毕，北岸的金兵大呼着，已经开始渡河了，瞬间就有七十余只金兵战船渡江来到了宋军阵前，宋军稍稍后退了一点。

虞允文看到情况危急，猛然冲入阵中，用手抚着将军时俊的后背说："你以胆识过人闻名四方，站立在你身后的是你的兄弟姐妹和儿女啊。"

时俊立即挥舞着双刀，带着宋军冲杀过去，河

> **知识链接**
>
> **细作**
>
> 细作，在古代既指卧底、间谍，刺探对方消息的人，也指精巧的工艺品。
>
> 唐朝著名诗人白居易曾在《请罢兵第二状》写道："臣伏闻回鹘（hú）、吐蕃皆有细作，中国之事，大小尽知。"

中的宋军精锐也驾驶着海鳅（qiū）船冲击金军的船只，很多金军的船只被撞沉，金兵死伤过半，剩下的金兵还在负隅顽抗，直到日落时分还没有退却。

正好有别处打了败仗的宋军撤退到采石矶，虞允文就让他们假装是来支援的宋军，金兵上了当，开始后退。

虞允文迅速下令弓箭手向金兵放箭，又杀死了很多金兵。战斗刚结束，虞允文就预料到金兵第二天肯定会反扑，于是又一次挫败了金主完颜亮渡江作战的计谋。此后，完颜亮又使用了各种计策，都被虞允文识破了。

向来只打胜仗不许失败的完颜亮恼羞成怒，下令全军在三日内全部渡江而过，谁要是敢不听命令，就立即斩首。

迫于压力的金兵又多次尝试过江，全都被击退了，除了在长江上多留一些金兵的尸体外，再也没有任何作用。无法过江的金兵生怕被完颜亮斩杀，于是暗中发动兵变，杀死了完颜亮，与南宋讲和，然后全军北撤。

采石矶这一仗，打出了宋军的威名，金兵在之后几年里再也不敢轻易尝试渡江。战后，虞允文名满天下，受到朝廷的嘉奖。

后来，虞允文和驻扎四川的名将吴璘配合，北伐中原，一直打到陕西凤翔。北伐宋军气势正盛，刚刚继位的皇帝宋孝宗，听了投降派的蛊惑，认为南宋还是偏安一隅比较明智，于是下令撤兵。

宋军撤退，虞允文被召回朝内，担任丞相。虞允文一面选拔任用人才，一面进行小范围的改革。在他担任丞相的七年里，南宋发展迅速，政治清明，人民生活安定。

后来，虞允文被宋孝宗派到四川，总理四川的军政。在执掌四川军政大权的一年多时间里，虞允文不断策划从四川挥师北伐，光复中原，最终积劳成疾，于公元1174年病逝，享年六十五岁。

虞允文去世后，他的诗文和书法流传于世，时人争相购读。

后世人都评价虞允文，说汉唐以来，名将多出自于书生，比如诸葛亮、周瑜、鲁肃、虞允文这些

> **知识链接**
>
> **励精图治的完颜亮**
>
> 完颜亮是金朝皇帝，他自幼性格深沉，胸有大略，崇尚汉文化。
>
> 公元1149年，他弑君篡位，登上帝位，残暴狂傲，淫恶不堪。但同时完颜亮也算一个励精图治的皇帝。在位期间，他厉行革新，整顿吏政，发展农业，迁都燕京，大力推广汉化，加强了中央集权，巩固了金朝的统治。

旷世奇才，他们都是醉心于学问的翩翩文人，却能够在风雨飘摇的时代，顺时造势，出奇制胜，真是千古难得的人物。

亘古男儿陆游

出生于名门望族的陆游，十二岁时写的诗文就是一绝，因为父亲做官的缘故，陆游年轻时被朝廷直接授予官职。

后来参加考试，陆游文采非凡，被主考官选为第一名。当时秦桧当政，秦桧想让自己的孙子成为第一名，结果被陆游夺得第一，于是秦桧就记恨上了陆游。后来朝廷又一次举办规格比较高的考试，陆游考取第一名，应该得到重用，可是因为遭到秦桧忌恨，陆游在很长一段时间里有志不得舒，有才不能显，直到秦桧去世，陆游的仕途才顺畅起来。

公元1164年，陆游结识了名将张浚。张浚通过与陆游详细交谈，认为陆游是一个很有才能的人。当时，"隆兴和议"即将签订，陆游上书提出了迁都南京，准备收复北方的主张，结果遭到朝臣攻击，被免去了官职。

四年之后，朝廷又任命陆游到四川夔（kuí）州担任官职。陆游一边处理公务，一边寻访当地的风土人情。又过了两年，管理川陕的王炎召陆游担任幕僚。陆游得到消息，欣喜若狂：自己期待的机会

草帽沿用了数百年，在一些农村地区，草帽仍然是农民日常生活不可或缺的组成部分

▲ 陆游

陆游是南宋著名的文学家、史学家、爱国诗人。

陆游一生创作甚丰，他在诗词文方面都有很高的成就。陆游的诗浅显易懂、章法严谨，将李白的豪迈和杜甫的沉郁融为一体，饱含爱国热情，深深影响了后世的创作。

另外，陆游也有史才，他所写的《南唐书》具有很高的史料价值。

终于来了。王炎让陆游制定了一个收复中原的详细的计划。陆游提出,要收复北方的领土,必须要攻克长安,要攻克长安,就必须拿下陇右地区;而要打仗,就要多积聚粮草,努力训练士兵。结果朝廷否决了陆游提出的计划,并且召王炎回朝,解散了王炎建立的幕僚团队。北伐的计划一瞬间被朝廷粉碎了。

公元1172年,陆游受到虞允文的赏识,被推荐担任了嘉州通判。虞允文去世之后,陆游又被调回四川,在范成大的手下效力。

▲ 宋代鲁拓铭红陶砚

陆范两人交往,不拘泥于俗世礼节,人们都讥笑他俩颓放,陆游索性自号放翁,更表明对这种凡俗的藐(miǎo)视。后来,陆游逐渐升迁到江西常平提举之职。江西发生水灾,陆游上奏,请求打开粮仓赈济灾民,令各地官长发放粮食给老百姓。皇上将他召回,有位官员趁机弹劾陆游,于是陆游就被派去管理祠观。后来陆游再一次被起用,路过皇宫向皇帝告辞时,皇上说"严陵山水美处,公事之余,可以亲自前往游览赋咏。"次年,范成大被调入京,将要离开时,陆游还恳请范成大回朝后劝孝宗早日准备,收复中原。

陆游北伐的志向不能够得到舒展,在官场上受到排挤,仕途也不顺畅,但是他写的诗文却越发出名。陆游每次写出新的诗作或是文章,马上就被传诵开来。陆游以诗文闻名天下,宋孝宗不得不重视陆游,于是在公元1178年,宋孝宗亲自召见陆游,授予他官职。陆游在做官任上,励精图治,为维护南宋的安定,减轻人民的疾苦而奔走,结果又受到诋毁。志不得伸的陆游愤而辞官回家。五年后,朝廷又赐

予陆游官职。此次任职的陆游，更加体恤百姓疾苦，在任上取得了很大名声。除了每天勤奋地处理政务之外，陆游开始整理自己以前写过的诗文，将这些文章装订成册，命名为《剑南诗稿》。

公元1189年，宋孝宗将皇位禅让给了宋光宗。趁着宋光宗即位，陆游上书朝廷指出，朝廷应该广泛搜罗人才，训练士兵，准备北伐，并且劝诫宋光宗要带头节俭。长久以来就对陆游处处诋毁的投降派再一次抓住机会，群起围攻陆游，刚即位的宋光宗迫于朝中大臣的压力，将陆游免职。

公元1203年，时任知府的辛弃疾拜访陆游，发现陆游居住的房屋简陋至极，于是提出帮助陆游建一座好一点的房子，让陆游安度晚年，但被陆游拒绝了。

六年后，八十五岁高龄的陆游去世，临去世前，陆游还在床上写下了感人至深的《示儿》："死去元知万事空，但悲不见九州同。王师北定中原日，家祭无忘告乃翁。"

闯关小测试

1. 北宋灭亡后，南宋第一个皇帝是（　）
   A. 宋钦宗　　B. 宋高宗　　C. 宋钦宗

2. 一生为国杀敌，临终前疾呼三声"渡河"的宋朝名将是（　）
   A. 宗泽　　B. 韩世忠　　C. 岳飞

3. 在采石矶大败金军，被后人称为"书生御敌"的传奇英雄是（　）
   A. 李纲　　B. 张浚　　C. 虞允文

参考答案：1. B　2. A　3. C

落日余晖

宋朝末年,危急存亡之秋,正是励精图治、发愤图强的时候,却遇上了贪图享乐的皇帝,不管人民温饱,一味选奸用邪、醉生梦死。

皇帝昏聩,有贤臣不得任用,朝中当政的尽是一些苟且无用之人。武将在外征战,却在朝内受尽猜忌,有志不得舒。

勉强维持了上百年的南宋王朝,终于在蒙古大军的强大攻势下,土崩瓦解了。

宋孝宗隆兴和议

绍兴三十二年(1162年),宋高宗赵构下诏宣布,自己决定将皇位禅让给皇太子赵玮,赵玮也从这时改名为赵昚(shèn)。高宗为什么要禅位呢?他也是经过了一番深思熟虑:将皇位让给一个听自己话的继承人,让他早点替自己处理朝政,自己不仅落得清闲,还能进一步换取对方的知恩图报;自己退下来不仅可以安享尊荣,还能在适当的时候,以太上皇的身份出来左右大局。

没过多久，宋高宗就举行了禅位仪式，成为太上皇，移居德寿宫，宋孝宗赵昚继位。在仪式上，宋高宗感慨道："朕在位时，多有不妥之处，幸赖卿等关照。"

宋孝宗赵昚是南宋最想有一番作为的君主，也是南宋唯一想要恢复北方故地的君主。在即位第二个月，他就做了一件让朝野为之一振、大快人心的事情：正式为岳飞的冤案彻底平反，奸臣秦桧构陷的其他冤案也都进行了处理，李光、赵鼎等这些已经去世的受害大臣的子孙都得到了抚恤，张浚、胡铨、辛次膺等这些还健在的人都获得了重用。高宗末年那些主张抗金、政绩卓著的大臣都为他所重用，陈康伯、虞允文等都成为他新的执政班底的核心，这时朝廷上主战的思想也比较兴盛，许多大臣纷纷上书要求以武力对抗金军，恢复北方的故土，不过孝宗刚刚即位，还得稍稍顾虑一下太上皇的意见，不想马上就把他主持制定的和局推翻。其实他此时的内心对到底是战是和，还是有些摇摆不定的，不过时局让他渐渐地朝主战派倾斜。

这时的金朝也不想大规模开战，刚刚将局面稳定的金世宗想和宋朝讲和，但是遭到了拒绝，于是他调兵遣将，在中原集结了不少兵力，威慑南宋，想实现"以战压和"。隆兴元年（1163年），宋孝宗终于下定了北伐的决心，让高宗时期就是主战派的老将张浚统兵。

在宋孝宗的命令下，老将张浚领兵北上伐金，在张浚的筹划下，北伐军兵分两路，一路由邵宏渊

> **知识链接**
>
> **小41岁的"叔父"**
>
> 南朝的淳熙十六年，金世宗病死，继位的完颜璟只有21岁，按照"隆兴和议"的约定，宋孝宗此后在给金国上书时，要称完颜璟为叔父，而这时的宋孝宗已经62岁了，比完颜璟大了41岁，所以一生致力于恢复大业的他实在不想承担这样的耻辱，这也成为促成他禅位的原因之一。
>
> **宋朝皇帝重回太祖一系**
>
> 宋高宗因为自己没有亲生儿子，而近支的宗室子弟基本都在靖康之乱当中遇难或者当了金国的俘虏，所以最终被他选定的接班人赵玮是宋太祖的后裔，而不是宋太宗赵光义这一支系的。也就是说从宋孝宗开始，宋朝皇帝的传承又回到了宋太祖这一系。

率领，攻打虹县；一路则由李显忠带领，进攻灵璧。张浚的计划是不错的，但他忽略了至关重要的一点，那就是两军主将的关系并不融洽。也许在平时，这种事情无关紧要，但在北伐大业上，任何一点疏忽都会造成非常严重的后果。在北伐过程中，李显忠屡战屡胜，功勋卓著，这让邵宏渊十分不满和嫉妒，一门心思想让对方栽个大跟头。

与此同时，宋军北伐的成功让金国震动。金国皇帝很快反应过来，派出大军卷土重来。李显忠作为北伐主力，被金兵重点"照顾"。很快，势单力孤的李显忠渐渐不支。而邵宏渊不仅按兵不动，在面临求援的时候，甚至笑眯眯地说起了风凉话："哎呀，不是我不想出兵，只是这大热天，士兵们穿着厚重的甲胄，恐怕不能出战啊！"最终，在邵宏渊坐视不理的举动下，李显忠大军战败，导致北伐的宋军全线溃败。这就是历史上著名的"符离之溃"。

北伐失败严重打击了宋孝宗的雄心壮志。第二年，颓丧的他选择和金国议和，

签订了屈辱的"隆兴和议",约定金、宋两国永为叔侄之国,宋朝每年向金朝缴纳"岁币",割让之前占据的六州土地等。

其主要条款有四条:宋、金两国世为叔侄之国;宋朝每年向金国缴纳的"岁贡"改称为"岁币",为银二十万两,绢二十万匹;南宋放弃已占领的海、泗、唐、邓、商、秦六州,双方的疆界回到绍兴和议时的原状;双方交换战俘。

与绍兴和议相比,南宋的地位有了一点点的上升,首先南宋的皇帝不用再向金朝的皇帝称臣,也就不用金朝来册封了;岁贡改成了岁币,不仅是名分上高了一点,数量上还分别少了五万两和五万匹,这是金朝做出的巨大让步。而南宋的让步是将占领了的六个州全都还了回去。双方做出的让步都是有原因的,对于金朝来说,是因为金国内部还存在不稳定的因素;而对于宋朝来说,就是虽然有收复国土的雄心,但是真到了战场上需要真刀真枪时,宋军的表现总是太不争气。

后来,除北伐外,宋孝宗还想过用和平的方法收复失地。公元1170年,宋孝宗派范成大出使金朝,要求金朝归还北宋历代皇帝陵寝所在的土地。金世宗听完这个要求,毫不犹豫的拒绝了,只同意宋朝将陵寝迁走,还答应将宋钦宗的棺椁归还南宋。宋孝宗一见和平谈判这条路走不通,又决心动用武力,他任用主战派大臣虞允文主持四川的军务,准备兵分两路,北伐中原。但是没有想到,积劳成疾的虞允文在淳熙元年(1174年)病死,宋孝宗没有了左

> **知识链接**
>
> **退位的宋高宗**
>
> 宋高宗赵构退位时,打的旗号是"今老且病,久欲退闲",而实际上他这个太上皇一当就是二十五年,最后死去的时候已是八十一岁的高龄,而禅让这年他不过五十六岁,身体还好得很,所以说他的理由完全是托词,根本站不住脚。

膀右臂，他的北伐计划遭到沉重打击。

淳熙十四年（1187年），那个太上皇——宋高宗赵构病死，宋孝宗知道以后失声痛哭，两天水米不沾唇。宋孝宗其实只是宋高宗的养子，而不是亲生的，但是他的确是位大孝子。这一连串的打击，让年近花甲的宋孝宗有些心灰意冷了，他开始让自己的太子赵惇（dūn）参与政事，做好接班的准备。两年后，这位立志北上的皇帝最终也效仿了他的养父，禅位给太子赵惇，自己也去当了太上皇，五年后病逝，享年六十九岁。

知识链接

开禧年号的由来

宋宁宗的年号开禧，也是当时为北伐制造舆论的举措之一，这两个字分别来自宋太祖的年号"开宝"和宋真宗的年号"天禧"，表达了南宋的北伐之志。

开禧北伐与嘉定和议

孝宗没有想到的是，他选定的这个接班人——宋光宗，后来却在精神上出现了问题，也只短短地做了五年皇帝。宋光宗的皇后名叫李凤娘，这是一个妒忌心极其强烈的人，而偏偏光宗是个"妻管严"，对她十分害怕。

这时光宗和他的父亲又因为继承人的问题出现了矛盾，光宗只有一个儿子，当时被封为嘉王，皇位理所当然由他继承，但是太上皇宋孝宗却看不上他，认为这个孙子天资不太聪明。再一个，当年立赵惇为太子的时候，赵惇的二哥赵恺还在，宋孝宗的做法是不太符合"立长"的规矩的，虽然后来赵恺早逝，但是宋孝宗依然对他心存愧疚，因此他现

▲ 宋代碧玉单柄环

在对光宗说："当初立太子，按例应该立你二哥，只是因为你英武像我，才越位立的你。而现在你二哥的儿子还在。"他的意思就是要让宁宗将皇位传给赵恺的儿子。宁宗自然不愿意自己的儿子继承不了皇位，而皇后李凤娘更是在一次皇宫的宴席上向太上皇发作："我是你们堂堂正正聘来的，嘉王是我亲生的儿子，凭什么不能立他为太子？"太上皇勃然大怒，光宗却在一旁默不作声。此后李凤娘不断在父子之间挑拨，导致父子关系日益疏远。

李凤娘却是个悍妒的醋坛子。在绍熙二年（1191年），李凤娘趁光宗祭天不住后宫，虐杀了光宗最为宠爱的黄贵妃。巧的是第二天就在祭天大礼上发生了火灾，转瞬间又是一阵暴雨冰雹，光宗虽然没被烧死，但是这种种变故都赶在了一起发生，他还以为这是上天在惩罚自己，吓得他从此神经失常。此后他的精神时好时坏，好的时候还可以上朝听政，坏的时候就目光呆滞，恍恍惚惚。从这以后一直到绍熙五年（1194年）他"主动"禅位，南宋的最高权力就是掌握在这样一个精神失常的人手里。

绍熙五年，太上皇宋孝宗病重，但是这时宋光宗又被李凤娘挑拨的，拒绝前

往探望。同年，处在遗憾与寂寞中的宋孝宗病逝，光宗再次说自己有病，不想去主持父亲的丧礼。这可是有违人伦的行为，于是很多不满的大臣们以赵汝愚为首，开始策划政变，逼着光宗将皇位让给他的儿子嘉王赵扩。

当时太皇太后吴氏还在，废立之事不获得她的支持是不行的，就这样，赵汝愚看准了身为外戚，且与内廷关系密切的韩侂胄（tuō zhòu，韩侂胄的父亲是太皇太后吴氏的妹夫），让他去做太皇太后的工作。这一年的七月，太皇太后下诏宣布光宗内禅，在孝宗灵前，嘉王赵扩披上黄袍做了皇帝，他就是宋宁宗，那个精神不正常的光宗也去当了太上皇。

皇帝是换成一个正常人了，当时赵汝愚和韩侂胄却因为争夺政治权力而反目成仇，最终胜利者是深得宁宗信任的韩侂胄，而赵汝愚却在庆元元年（1195年）被宁宗罢相，贬往永州安置，后来就死在那里。韩侂胄的地位一路飙升，为了进一步巩固自己的权力，他决定立一场盖世奇功。对于南宋来说，没有什么功劳比北伐金国、恢复故土更大了，当时北方的金朝已经有些日薄西山，内部爆发了农民起义，外部又有新兴的蒙古骚扰，陷入了内忧外患当中，因此韩侂胄也认为自己是有机可乘。宁宗是什么态度呢？他有些模棱两可，既认为贸然用兵有点不妥，但又觉得"恢复岂非美事"。为了制造北伐舆论，在嘉泰四年（1204年），朝廷追封岳飞为鄂王，两年后将奸臣秦桧的王爵削去，又将他的谥号从"忠献"改为"谬丑"。

最终北伐战争在开禧二年（1206年）打响，宋

▲ 崇岳贬秦的韩侂胄

韩侂胄当政后，开始着手为岳飞平反，并贬斥秦桧。

宋宁宗追封岳飞为鄂王，在政治上给予极高评价，以激励抗战派将士；同时削去秦桧的王爵，将其谥号改为"谬丑"。

知识链接

庆元党禁

宋宁宗在位时，宰相韩侂胄和赵汝愚两人互相看不顺眼，争权夺利。

公元1195年，宁宗罢免了赵汝愚，韩侂胄得以专权。在韩侂胄专政期间，宋宁宗将理学定为伪学，禁止赵汝愚、朱熹等人担任官职。凡是和他们能扯上关系的人也都不许担任官职或参加科举考试，这件事情被称为"庆元党禁"。

军不宣而战，从两淮地区到四川，兵分三路对金朝发起了进攻，虽然一开始宋军连战连胜，形势大好，但是金国很快就缓过劲儿来，发动了反攻，各个战场上的宋军先后溃败，虽然也曾涌现出毕再遇这样有勇有谋的将领，但是独木难支，韩侂胄所任用的更多是一些酒囊饭袋。很快，金国大军进逼长江一线，南宋这时想要讲和，但是金国却开出了苛刻的条件：割地、赔款，然后还要宋朝将发动这场战争的主谋绑送金国，由他们处置。发动战争的主谋自然就是韩侂胄，这样的条件他自然无法接受，他还想整军再和金人决一死战，没想到他已经没有这个机会了。

宋军在战场上的溃败让朝廷中的主和派又开始冒头，其中的首领就是礼部侍郎史弥远和杨皇后，因为当年宋宁宗选皇后时，韩侂胄没有倾向于杨皇后，因此她怀恨在心，同时她也认为这场北伐太为轻率。他们向宋宁宗进言，说韩侂胄危及了江山社稷，应该将其罢免，但是宋宁宗犹豫不决。杨皇后担心自己的进言被掌握大权的韩侂胄知道就坏了，就和史弥远等人密谋，决定将韩侂胄除掉。

开禧三年（1207年）的一天，上朝途中的韩侂胄被将士挟持，最终被用铁鞭子打死在玉津园里。此后求和就没有什么障碍了，宋朝规规矩矩地将韩侂胄的首级送到了金朝。嘉定元年（1208年），南宋王朝和金朝签订了屈辱的"嘉定和议"：两国的疆界还和从前一样，宋朝皇帝对金朝皇帝的称呼则从叔父变成了伯父，又降低了一些；给金朝的岁币

落日余晖 | 开禧北伐与嘉定和议

▼ 嘉定和议

也增加到银子三十万两，绢三十万匹，此外宋朝还要给金朝三百万两的犒军银。

史弥远专权

十四岁的史弥远考中进士以后，仕途平淡，在二十年内，只做到太常寺主簿一职。公元1207年，由于韩侂胄北伐失败，金人提出斩杀韩侂胄。大臣们都畏惧韩侂胄的权势不敢表达自己的想法，史弥远极力陈说当前的情况，皇子赵询听说了之后也很支持史弥远。于是韩侂胄被罢去了丞相一职。

史弥远又联合了宫中的卫士，在韩侂胄上朝的路上害死了韩侂胄。韩侂胄死后，皇帝准备让史弥远担任枢密院副职，史弥远没有答应，皇帝便升任他为礼部尚书。不久之后，赵询被立为太子，之后南宋派人去金营请和，金人提出了很苛刻的条件。史弥远上奏皇帝，提出自己的看法，得到皇帝的赞赏，于是就被任命为同知枢密院，兼任太子宾客，封赏伯爵。后来，他又被提拔为右丞相，兼任枢密院知事，掌握了朝中大权。

为了获得大家的支持，史弥远努力推荐了一些当时有名气的人担任官职，对在之前的庆元党禁中被韩侂胄打压的人重新加以任用，已经去世的也恢复了名誉，实行了这些措施，史弥远稍稍得到了一些好评。由于史弥远属于投降派，所以朝中的主战

> **知识链接**
>
> **函首安边**
>
> 为了与金国签订《嘉定和议》，史弥远按照金人的要求，将韩侂胄的首级放在匣子里，送到金国。这就是著名的"函首安边"。
>
> 太学生对此不满，特作诗讽刺："自古和戎有大权，未闻函首可安边。"

派官员都遭到贬谪，在朝内任职的大部分都属于投降派。于是，史弥远在朝外得到好评，朝内得到支持，再也没有人能够撼动他的地位了。

专权的史弥远在政治上一味主张投降，无论金人提出任何条件，他都会同意。这样一来，输送给金国的岁币与日俱增，强加在南宋人民头上的枷锁越来越重。史弥远在朝中任意妄为，收受贿赂，结党营私，在重要的职位上安插自己的亲信，连太子赵竑都对史弥远的专权感到很不满意。心怀不满的赵竑对他人说，将来做了皇帝一定会杀掉史弥远。史弥远听了很害怕，所以就密谋换掉太子。

公元1124年，宋宁宗去世，执掌朝政的史弥远担心太子继位会杀掉自己，于是派遣自己信任的官员守卫皇宫，不让别的人进入，并且派人去告诉杨皇后，说如果不按照自己说的那样做的话，皇室就危险了，杨皇后出于自身安全的考虑，同意了史弥远的要求。史弥远便让人写了假的诏书派太子去别的地方当王，让其他皇子登基。

由于史弥远的拥戴，所以本不该登基的皇子赵贵诚登基成为了宋理宗。在宋理宗在登基的过程中，史弥远起到了至关重要的作用，宋理宗感念史弥远的恩情，因此更加信任史弥远。

宋宁宗时代，史弥远专权十几年，掌握了巨大的权力，才能够在宁宗去世的当晚换掉本应继位的太子，可见他在朝中的势力根深蒂固。后来宋理宗更加信任

牙牌上面写着官员的官衔和履历，相当于官员的身份证，最早出现在宋朝，并被后世沿用

▼ 牙牌

牙牌有很多含义，比如象牙或骨角制的记事签牌、骨牌等。但在这里，牙牌指的是象牙腰牌，大多是用象牙兽骨制成的。

史弥远，朝中大臣如想升官，就必须先要贿赂史弥远，然后才有升官的可能。使得史弥远的官邸比皇宫更受欢迎。贿赂史弥远而升官的人，都是一些贪生怕死而又会搜刮民脂民膏的贪官污吏，所以他们上台之后，就在自己的任所大肆贪污，搞得南宋上上下下一片乌烟瘴气。本来一派繁荣的江南，在史弥远的祸害之下，变得日渐萧条。

史弥远的专权引起了很多人不满，于是有人就策划拥立以前的太子赵竑来代替宋理宗，可是这个图谋最终失败，参与其中的人都被史弥远处死，就连赵竑也被史弥远逼死了。

史弥远虽然拥立宋理宗有功，但他毕竟心里不安定，加上自己专权多年，有些人开始对他的行为予以指责，史弥远感到害怕，于是多次请求告老还乡，都没有得到允许。

晚年，史弥远想给自己找一块风水宝地当墓地，找来找去，看中了一个寺庙，于是想强拆掉寺庙作为自己的坟墓。结果寺庙中有个很聪明的和尚，跑到杭州散布谣言："史弥远看重的那块风水宝地有王气，史弥远想拿那块地方当墓地，不知道有何居心。"杭州的人民都恨透了史弥远，于是开始大肆宣传这件事情，史弥远听到后找人将这些人抓了起来，结果适得其反，传说这句话的人越来越多，最终传到了宋理宗的耳朵里，宋理宗最终下令不许史弥远拆掉那个寺庙，那个聪明的和尚凭借自己的智慧保住了众多僧徒得以安身的寺院。

公元1233年，专权二十六年的史弥远终于死了。

> **知识链接**
>
> **四木三凶**
>
> 在史弥远的党羽众多，其中有胡榘、聂子述、薛极、赵汝述，这四个人的名字里都有一个"木"，因此人们将其合称"四木"，再加上"三凶"——李知孝、梁成大、莫泽，被后人合称为"四木三凶"。

▲ 定窑白釉孩儿枕

史弥远一死，天下百姓欢呼雀跃，可见当时人们对史弥远专权是多么的憎恨。

宋理宗端平更化

绍定六年（1233年），掌握大权二十多年的宰相史弥远去世，在他的阴影下已经蛰伏了十年的宋理宗终于开始了他的亲政之路。这时的南宋王朝被史弥远几十年的专权搞得乌烟瘴气，已经是岌岌可危了。

不过从一件小事，也能看出来，能在史弥远的阴影下隐忍十年的宋理宗，也是很聪明的。绍定四年（1231年）春祭的时候，宋理宗和史弥远在一起喝酒闲聊，史弥远曾试探性地说道："臣听说最近弹劾我的人很多，皇上您可不要偏听偏信啊！"宋理宗幽默地说："朕知道，爱卿你还记得先皇章圣帝的时候，旧京那里闹的那场蝗灾吗？幸好江南这边没什么事情。"先皇指的就是宋真宗，当时河南确实发生了一起严重的蝗灾，理宗这里提到了蝗灾，实际是在一语双关，对史弥远进行安抚：自己和史弥远的关系非同一般，如果硬要形容的话，相当于一条绳上的两只蚂蚱。如果宋理宗真的否决了史弥远，那么也就相当于否定了自己这个被对方拥立的皇帝。史弥远听完皇帝的话，这才放下了心。

不过，史弥远死后，蛰伏十年的宋理宗意气风发，

知识链接

被盗墓的宋理宗

相传宋理宗去世后刚十五年，他的陵墓就被一个名叫杨琏真珈的和尚给盗了，因为当时用水银处理的尸体，所以这时还没有腐烂，杨琏真珈将理宗头颅割下，送到北京大都元朝的皇帝那里，后来甚至把头骨做成了一件酒器。直到后来朱元璋攻占大都后，才在皇宫里找到了理宗的头骨，重新安葬在了宋陵的遗址当中。

在位时间最长的南宋皇帝

宋理宗在嘉定十七年（1224年）即位，景定五年（1264年）去世，一共在位41年，这个时间在南宋王朝来说是最长的。不过在他死后15年，南宋王朝就灭亡了。

终于掌权的他决定大干一场！就这样，一场革新的风暴在南宋刮了起来。由于改革发生于宋理宗端平年间，因此这场革新也被称为"端平更化"。

宋理宗的改革内容，主要有以下几个方面，第一个就是将史弥远一党的人统统罢黜。史弥远一命呜呼，他那些遍布朝廷上下的爪牙也没了靠山。不过宋理宗担心动作过大，会引起朝堂震动，所以采取了维护史弥远个人的形象，但是对他的那些党羽却毫不手软的办法，使得史党的势力急速下降，最后在朝堂上消失。

还在史弥远病危的时候，理宗就连夜降旨将他的心腹梁成大罢免，端平元年又将千夫所指的"三凶"——李知孝、梁成大、莫泽南统统流放，趋附史弥远的袁韶、史弥远的亲家赵善湘等也都相继被免官。

端平更化的第二点，就是要慎用宰相，从宋宁宗以来，宰相的权力甚至比皇帝的权力还大，这才有了史弥远长达26年的专权，对此深有体会的宋理宗纠正了这一弊端，他亲政以后，他任命的宰相频繁调动，就是为了避免再出现宰相权力过大的事情。

宋理宗为了加强自己的权力，还制定了第三点策略：亲擢台谏。史弥远擅权的时期，他通过种种手段，把台鉴掌握在自己的手里。因此，在史弥远死后，宋理宗对台鉴进行了大清洗，先后任命几十名正直公正、敢于谏言的台鉴，终于发挥了台鉴真正的作用。

在政治改革中，吏治改革是最难的，当时的南宋朝廷贪腐成风，宋理宗也很清楚地知道这一点，所以也对此进行了一系列改革：第一是取消堂除，堂除是产生于权臣专政的一项政治陋规，最大的问题就是为内降恩泽、滥授美差留了一道后门。第二是减少官吏权摄，所谓的权摄，就是不具备任职资格的人代理为官，官员队伍因此大为膨胀，减少了官吏权摄，可以保证官吏的质量。三是对科举取士的人数进行控制，从端平到淳祐年间一共有六次科举取士，平均每次取士约450人，和之前的平均每次大约600人相比，大概少取了四分之一，这也是减少冗官的办法之一。四是对官员的升迁要有严格的控制，比如规定没有在州县当过官的人，不得入朝为郎官，已经在朝的郎官，也必须要补上州县任官。宋理宗的这几项吏治改革，让朝堂上出现了短暂的政治清明现象。

总的来说，端平更化是一场有益的革新。刚刚掌权的宋理宗励精图治，革故鼎新，废除弊端，网罗天下英才，令昏暗的南宋朝廷亮起一道曙光。与之前的朝堂相比，端平年间的朝廷政局要清明许多，此时的南宋王朝看上去正在走向复兴。但是这种希望十分渺茫，宋理宗推行的端平更化看起来是轰轰烈烈的，但是最终还是雷声大雨点小。宋理宗推出的那些改革措施，在现实当中，并没有得到百分之百的落实，在地方上贪污腐败的现象依然比较严重，百姓依然过着食不果腹的生活。

所以说端平更化是一场治标不治本的改革，虽然也算是一剂良药，但是服下它的南宋王朝已经是病入膏肓，王朝衰落的趋势已经无法阻挡了，它最大的意义，就是体现出了宋理宗是一位想要有一番作为的皇帝，并没有太多实际价值，而且在宋理宗死后，端平更化也就戛然而止了。

联蒙灭金与端平入洛

当历史的车轮来到南宋的宋理宗时期，北方的边境上似乎又出现了和宋徽宗时"海上之盟"类似的态势，当年是在辽国的北方兴起了女真人，也就是金人，最终金人灭亡了辽国；而现在是在金国的北方，又有一个游牧民族兴起了，这就是蒙古人，他们扩张的对象也指向了已是日薄西山的金国。从1211年起，将蒙古统一的成吉思汗先后三次攻金，金宣宗不得不将都城迁到了南京（现在河南开封），当时金国的江山也只剩下了五分之一。

▲ 宋代彩绘花鸟纹长颈瓶

此时的金国却想要进攻南宋,把从蒙古人那里丢失的土地,从宋朝人那里抢回来,在他们眼里,金朝的军队虽然打不过蒙古兵,但是对付宋军还是信心满满的。因此在1217年蒙古暂时将注意力转移到西征上时,金人立即发动了对南宋的战争,南宋自然全力抵抗,这场战争打成了长达七年的拉锯战,彼此都没有占到什么便宜,金人反倒白白消耗了国力。一直到金正大元年(1224年),金国最后一个皇帝哀宗即位,才停止对南宋的侵略。

1232年,在三峰山之战中,金军最后的主力被蒙古人一举全歼,金朝的灭亡已成定局,金哀宗也放弃了京城,逃到了蔡州(今河南汝南),这时的他居然还惦记着"取偿于宋",还准备夺取宋朝的四川自立。也是在这一年,蒙古派人到南宋,要求宋蒙合作,一起来夹攻金朝。本来宋理宗就胸怀收复故土大志,认为这是建不朽功业的大赐良机,而且无论宋朝出不出兵,金朝都会灭亡,如果南宋不出兵,那就任何收获都不会有,所以答应了蒙古的要求,开始了联蒙灭金。

绍定六年(1233年),蒙古人开始包围蔡州,南宋派孟珙率领两万宋军前往参战,端平元年(1233年),蔡州在宋蒙的联合攻击下陷落,金哀宗自缢身亡,金国宣告灭亡。宋军的统帅孟珙在废墟中找到了金哀宗遗骨,还俘虏了金朝的参知政事张天纲,一起带回了临安。此时南宋朝廷上下陷入狂喜,举

知识链接

宋理宗幸运得皇位

宋理宗赵昀并不是皇子,而是宋宁宗的远房堂侄,原本没有继承皇位的机会。宋宁宗没有儿子,便立宗室赵竑为太子。

史弥远当时专权,太子颇为不满,因此二人的关系较差。史弥远担心赵竑当皇帝后对自己不利,也为了长期专权,所以等宁宗一死,他就联合杨皇后假传遗诏,废掉了赵竑,拥立赵昀为皇帝,也就是宋理宗。

行了一系列热火朝天的庆祝活动,宋理宗将金哀宗的遗骨奉献在太庙徽、钦二帝的遗像之前,算是告慰这两位的在天之灵,那个倒霉的张天纲,也被宋理宗痛斥"有何面目至此"。祭扫河南祖宗陵园的活动也在紧锣密鼓的筹备当中,可以说南宋王朝都沉浸在报仇雪恨、一雪前耻的狂喜当中,自我感觉良好的南宋君臣根本不愿承认,所谓灭金主要是蒙古人发挥的作用,自己不过是狐假虎威而已。

宋蒙之前商定联手灭金时,并没有对金亡以后河南归谁所有做出明确的约定,但是这块到嘴的肥肉,蒙古自然不会拱手相让,而回到故都汴京,从来都是南宋臣民梦寐以求的理想。双方势必要对河南展开一番争夺,灭金以后,蒙古军因为天气、粮草等原因,暂时将主力撤到了黄河以北,河南成了一片真空地带。尽管当时有很多大臣认为南宋的力量还不足以和蒙古相抗衡,北上河南,缺乏粮草、没有骑兵、缺乏机动性都是问题,当时正是刚开始亲政的宋理宗很想有一番作为的时候,在收复故土、建立盖世功业的念头驱使下,他最终作出了出兵中原的决定,端平元年,正式下诏出兵河南。

宋军出发后,很快收复了南京归德府,接着进驻开封,虽然这一路上包括开封在内,宋军收复的都是空城,但当时总算实现了"靖康之难"以来无数志士仁人梦寐以求的重回汴京。但是这时因为后方的粮草没有及时运上来,导致宋军只能在开封按兵不动,耽误了战机。后来只带了五天口粮的宋军向洛阳进发,却又在洛阳城外中了蒙古军队的埋伏,损失惨重。断了粮的宋军只好撤退,又在撤退的路上被蒙古军追击,伤亡大半。后来,留守汴京的宋军也因为粮食跟不上了,再加上蒙古军队决黄河水倒灌,只能仓皇撤退,理宗君臣恢复故土的梦想又一次成了泡影。

端平入洛前后历时近两个月,以轻率出兵开始,以仓皇败退结束。端平三年(1236年),宋理宗下了一道罪己诏,承认之所以失败,主要是因为自己"责治太速,知人不明"。端平入洛的失败带来了三个直接后果:第一,南宋损失惨重,数万精兵死于战火,粮食损失以百万计,器甲辎重全都丢给了蒙古人,国防的力量大大削弱;第二,面对北方新的强敌,南宋从此就将主动出击的战略彻底放弃，转而消极，闭关守御不出；第三，正像之前一些南宋大臣担忧的那样，蒙古的确以此为借口，开始对南宋发动了进攻，宋蒙战争正式拉开序幕。

宋蒙交战

从南宋发动"端平入洛"失败后开始，蒙古就已经打算对南方的这个新邻居发动进攻了。虽然也曾派过使臣出使南宋，不过从蒙古对金国发动进攻之前也派使者和谈的事情来看，这不过是烟雾弹，目的是让南宋放松戒备。这一点南宋也有很多大臣看了出来，主张南宋不能放松警惕，要继续备战，以防蒙古入侵。

此后蒙古一共对南宋发动了三次大规模的进攻，第一次是1235年到1241年，第二次是1253年到1259年，最后一次是1268年到1279年，直接灭亡了南宋。蒙古侵宋，主要的战场有三个，分别是最西边的四川战场，中部的荆襄战场和东部的两淮战场。

端平二年（1235年），蒙古大汗窝阔台下令，蒙古大军兵分三路，同时对三个战场发起进攻，在西部四川和中部荆襄都取得了不小的战果，在荆襄这里蒙军已经饮马长江了，但是被孟珙统率的宋军击退；在东线战场上，因为这里是长江的门户，江南的屏障，宋军防守严密，蒙古始终也没占到什么便宜。此后的一两年里蒙古军又发动了两次南侵，都被击退。

蒙古入侵南宋的第一次战争就这样结束了，不过要考虑到当时蒙古的主要精力都放在西征上，南宋这边也不是战略进攻的重点。而且，南宋在四川、荆襄战场初战失利后，马上就加强了这里的防务，所以一直到蒙哥汗在位的前期，蒙古对南宋发动的战争还只是小打小闹，真正残酷悲壮的战争还在后头呢！

淳祐十一年（1251年），蒙古的蒙哥汗即位，开始调整对宋朝作战的策略，南宋也成为战略的重点。他也不想再在两淮地区遭遇挫折，于是开展了一个大迂回战略。宝祐元年（1253年），他派忽必烈分三路进攻云南，第二年将大理国灭亡。一年以后，安南被蒙古灭亡。至此，蒙古对南宋的战略大包围完成，蒙哥打算从云南出发，沿广西、湖南深入南宋内部，对南宋进行夹击，这就是所谓的"斡腹之谋"。

宝祐五年（1257年），安南的蒙军试图北上广西，但是南宋派出富有抗蒙战争经验的李曾伯担任广南制置使，成功地扼制了蒙古军北上，没有让蒙军的计划得逞。

宝祐六年（1258年），蒙哥汗决定兵发三路，大举攻宋：一路由自己亲率四万大军进攻四川，然后出三峡东下；一路由塔察儿率领南下，进攻荆襄；一路由安南的兀良合台出兵北上广西。三路大军计划在鄂州（今湖北武昌）会师，再合力向东进攻南宋的都城临安。塔察儿这一路进攻襄樊，迟迟打不下来，蒙哥于是让忽必烈当了主帅，忽必烈选择绕过襄樊，直接进攻鄂州，但是在鄂州这里，遇到了南宋军民的殊死抵抗，围城几个月也没有得手。

东路的蒙哥主力经过近一年的艰苦攻战，在年底打到了钓鱼城下。钓鱼城的地势十分险要，山顶的地势平坦开阔，而且还有充足的水源和足够的良

知识链接

守护枣阳的孟宗政

孟宗政是南宋名将，小时候跟随父亲抗金，智勇双全。开禧北伐时，孟宗政被任命为枣阳县令，被派去驻守襄阳。

公元1217年，金朝发兵攻打襄阳并围攻枣阳。孟宗政率军大败金军，并全速奔赴枣阳，打退了金军。

第二年，金军再次攻打枣阳，孟宗政坚守三个月，金军无计可施，最终退兵。

什么是"强弩之末"？

强弩之末指强劲的弓弩所发出的弓箭，在射程的末端已力量衰竭，丝毫没有杀伤力。

语出西汉司马迁的《史记·韩长孺列传》："且强弩之极，力不能穿鲁缟；冲风之末，力不能漂鸿毛。"

田，这里的军民耕战结合，被围困多久也不怕断水断粮。钓鱼山高近四百米，三面环水，在山腰形势险要的地方筑有两道两三丈高的城墙，还有"一字城"直达嘉陵江的江边，可以借此保持和外界的联系。因此蒙古大军猛攻钓鱼城好久，即使有蒙哥汗督阵，依然无法破城。

到了开庆元年（1259年），蒙古大军已是疲惫不堪，夏天又水土不服，疾病开始蔓延，反观宋军以逸待劳，不时在夜间发动偷袭。宋朝的守将王坚命人向城下蒙古军扔鲜鱼面饼，还写信和他们说："你们北兵可以吃这些鱼饼，再打十年，也得不到这座城！"蒙哥见这里固若金汤，也只能选择撤军，他自己则死在了这次退兵的路上。

蒙哥是怎么死的？历史上没有留下明确的记载，传闻倒是有好几种，一种是说得了痢疾死的，一种是在围城的战斗中中了飞石或飞矢而死，还有一种说法是被炮风震伤而死。不管蒙哥到底是怎么死的，他的死都彻底改变了当时的局势：当时正在鄂州的忽必烈听到蒙哥死了以后，又得知幼弟阿里不哥准备在哈拉和林称汗，马上准备撤军北上，回去争夺大汗，其他各路蒙军也都撤退了，南宋朝廷这才转危为安。此后的十多年里，新的蒙古大汗忽必烈一直忙着处理内政，所以宋朝和蒙古之间再没有发生大的战争。

知识链接

蒙宋战争

蒙宋战争是蒙古和南宋之间的战争，在1234年至1279年之间，主要发生了三次大的战争。

最终，元世祖忽必烈灭亡了南宋，统一了中国。

贾贵妃

贾贵妃长相秀丽，姿色美艳，是宋理宗的宠妃，权臣贾似道的姐姐。

贾似道在贾贵妃的举荐下官位高升，直至宰相，专权多年。

将门虎子孟珙

孟珙的曾祖父是岳飞的部将，祖父也是岳飞的部属，父亲是名将孟宗政，出身将门的他，年纪轻轻就被父亲带上战场进行锻炼。

南宋末期，蒙古崛起，与蒙古接壤的金国首先受到打击。强大的蒙古兵团进攻金兵简直就像狼入羊群一般，经不住几下打，金国就丢失了大片领土。金主吓得将国都从北京搬迁到了河南开封。金主迁都到中原，不思进取，反而将一切过错都怪罪在南宋的头上。金主认为被蒙古夺取的这些领土和受到的损失，一定要从比自己更弱的南宋那边拿过来才合理。于是金主意气风发地开始了向南攻打南宋的行动。

公元1217年，金兵攻打襄阳。在军中任职的孟珙向自己的父亲孟宗政提出建议说："敌人进攻襄阳，肯定会攻打樊城，我们要早做准备。"孟宗政的想法与儿子孟珙的想法不谋而合，于是迅速排兵列阵防守樊城。列阵完毕，金兵大举来犯，金兵不管宋军是否已经做好准备，只管如期渡河攻打樊城。孟宗政马上下令攻击金兵，三分之一的金兵在宋军这边的岸上，三分之一在河里，还有另外三分之一的人马在对岸等待过河，孟珙带头冲锋，金兵抵挡不住，纷纷后退，有一半多人落入河中淹死了。这一仗，将金兵打得落花流水。宋军旗开得胜，孟宗政并未沉浸在战斗的胜利当中，反而果断地带兵去救援别的城市。一次战斗中，孟珙突然不知道父亲跑到哪里去了，于是他骑马跑上高地，看到敌军团团围住了一名白袍白马的将军，孟珙大喊一声："那就是我的父亲！"然后迅速带兵冲向父亲所在的地方，金兵抵挡不住勇猛的孟珙，只得让出一条道来，孟珙的父亲孟宗政得救了。

在战斗中，孟珙显露出卓绝的军事才能，官职得以迅速提升。

公元1233年，在蒙古的攻击下，实在难以安身的金国将领想出了一条"妙计"，准备夺取南宋的四川作为自己统治的地盘，如果不能，就夺取沿途的钱粮，用于继续维持在河南的统治。金兵集结了二十多万人马,大举进攻四川,此时掌管四川大权的是权相史弥远的侄子,大草包一个,所以抵御金兵进攻的任务就交给了孟珙。孟珙带兵去抵御金兵的进攻,首战告捷,斩杀了金朝的带兵大将。

孟珙派人不断攻打金兵,由于金兵对四川地形不熟,再加上孟珙刻意让宋军从两侧包抄围堵金兵,金兵一边战斗一边转移,走着走着发现不对劲了:前面有大河拦路,而后面都是大山,行军困难,两边可以行军的地方都已被宋军占领了。金帅下令后撤,宋军趁机出击,斩杀了上万金兵。金兵在与宋军的战斗中不断失利,导致以前占领的一些地方也守不住了,金国官兵纷纷向孟珙投降。不死心的金军元帅武仙还准备和宋军决一死战,孟珙趁着大雨天,带兵出击,只用了半天的时间就把残余的金兵打得大败,武仙只能偷偷换上士兵的衣服逃走了。

金国策划好的夺取南宋四川的计划,就这么灰飞烟灭了,辛苦集结起来的二十万大军,也在这一场战争中损失殆尽。从此,本已是强弩之末的金国,再也没有能力发动进攻了。蒙古看到金国兵败,元气大伤,于是大举进攻金国。可是进攻遇到了很大的障碍,防守有方的金兵粉碎了蒙古大军的进攻,蒙古元帅向南宋提出联合灭金的想法。

同年,南宋史弥远同意了蒙古提出的联合灭金的要求,于是派大将孟珙带兵与蒙古大军会合。金兵为了阻挠宋军跟蒙古大军汇合,派出精锐骑兵两

> **知识链接**
>
> **英雄人物孟珙**
>
> 孟珙是南宋军事家,民族英雄,抗金、抗蒙名将。
>
> 孟珙起身于普通的下级军官,和父亲孟宗政一样勇猛善战,功勋卓著,成为抗金著名将领,最后攻破金国的都城,取得金国末代君主的遗骸。
>
> 金国灭亡后,蒙古又大举侵宋,孟珙被朝廷委以重任,率军抵抗蒙古铁骑,打破了蒙古短期灭亡南宋的计划,使南宋挺过了宋蒙战争的前十余年。
>
> 孟珙作为南宋抗金抗蒙的顶梁柱,建立起了一整套防御体系,将毕生心血都投入在护国安民的宏伟事业中。不论是战功还是品德,孟珙都是当之无愧的英雄。

万人进行阻击。孟珙让士兵一边打鼓一边前进，金国骑兵闻声而来，孟珙率兵一下子就打败了金国的两万精锐骑兵，然后与蒙古大军会合了。蒙宋合兵一处，没费多长时间就灭掉了金国。

灭掉金国的孟珙带兵返回南宋，听到探子来报说蒙古正在两国交界处集结兵力，孟珙判断这是蒙古准备要攻打南宋了。

公元1235年，蒙宋战争全面开启。孟珙一人承担起了蒙宋战线上一半以上地区的指挥之责。蒙古大军兵威正盛，一举攻破南宋的好几座重要城池。孟珙听说前线失利，连夜带兵前去救援。蒙古带兵的大将和孟珙打过交道，不敢和孟珙交战，于是分兵牵制孟珙，自己带兵去攻打江陵一代。孟珙迅速摆脱敌人，带兵去救江陵，蒙宋军队兵力悬殊，孟珙不想和蒙古大军打硬仗，就派水军封锁了江面，蒙古大军顿时失去了退路，军心已然开始慌了。接着孟珙派人不断变换旗帜，从不同的方向来回奔走，就连晚上都打着火把奔走，惊慌不定的蒙军以为南宋援军众多，惶恐不安。孟珙趁着蒙古大军士气不振，带兵发动攻击，接连攻破蒙军二十四座营寨，营救了几万被俘的百姓。进攻受挫的蒙古大军知道，只要孟珙在此，是绝对不能前进一步的，于是下令撤军了。

两年之后，重整军威的蒙古大军再次南下攻宋，孟珙凭借出色的指挥，连连取胜，打得蒙古大军抬不起头来。蒙宋战争初期，在天才将领孟珙的指挥下，蒙古大军并没有占到丝毫便宜。一些投降了蒙古的

知识链接

曾被赏识的贾似道

名将孟珙以慧眼识英雄而著称，其中贾似道就是孟珙推荐的。当时贾似道任江西安抚使，在淮西筑城时政绩突出，深得百姓称赞。孟珙认为贾似道是个人才，就向宋理宗推荐贾似道。

贾似道早年表现出的才华，已经超过了很多人，也被忽必烈称赞不已，倘若后期不变坏，也是可以青史留名的。

▲ 宋代耀州窑青釉狮子灯盘

将领，看到蒙古大军接连失利，又开始转向南宋了。

正当形势一片大好之时，孟珙却请求退休。原来，蒙古派去管理河南的大将准备投降南宋，这样一来，在蒙宋之间的战争中，南宋就占有绝对优势了。当孟珙向朝廷请示接受投降时，宋理宗担心孟珙在朝廷的势力太大，威胁到自己，就拒绝了孟珙的请求。失望至极的孟珙顿时感到心灰意冷，就向宋理宗请求退休，宋理宗很快答应了。戎马半生的孟珙本来身有恶疾，这一次受到猜忌，心情郁闷，病情就加重了。同年，孟珙去世，天下同哭。

> **知识链接**
>
> **忽必烈**
>
> 忽必烈是蒙古大汗蒙哥的弟弟，他改大蒙古国为元朝，因此，忽必烈既是大蒙古国的末代可汗，也是元朝的开国皇帝。
>
> 1260年，忽必烈继承汗位。1271年，忽必烈经过充足的准备，改国号为元，建立元朝。之后，忽必烈挥师南下，于1279年灭亡了南宋。

祸国殃民的贾似道

权相贾似道的姐姐是宋理宗的爱妃，所以贾似道进士及第之后就开始飞黄腾达起来，几年之内官职扶摇直上，后来一直做到宰相的位置，把持朝政二十来年。

贾似道刚开始做官时，还不太敢明目张胆地为非作歹，即使朝中有自己的姐姐做靠山，也还是小心行事。每到一个地方任职，贾似道就把政务交给手下去办，自己每天吃喝玩乐，经常出没于酒楼妓院。官府中人每次要找贾似道，都只能去这些地方。贾似道见到这些官员来找自己，总是强拉硬扯，让他们同自己一起寻欢作乐。既然贾似道贵为皇亲国戚，在朝中有贵妃撑腰，普通官员也很乐意和贾似道交往，他们认为只要抱住了这一条大腿，以后升官发财就有希望了，所以但凡不需要贾似道亲自处理的政务，他们也乐得帮他来处理。如此一来，贾似道每去一个地方任职，都能够受到当地官员的欢迎。一来二去，贾似道的美名传遍了天下。因此虽然贾似道为官不办事，但是很多人却认为他还是具有一定才能的。

于是，内有姐姐保驾护航、外有善于处理政务的虚名的贾似道很快成了朝廷的宠儿。十年之后，宋理宗任命贾似道为丞相，对他宠信有加。

▲ "后乐"的贾似道

南宋理宗时期，贾似道因为裙带关系，成为权倾一时的宰相。宋理宗专门给他在西湖建造了一座非常奢华的庄园，名为"后乐园"。关于这座庄园的名字其实还有一个典故，那就是北宋范仲淹的诗句"先天下之忧而忧，后天下之乐而乐"。

宋理宗为表现对贾似道的宠信，在西湖中修建了一座庄园，正好面对着皇宫，贾似道每天在庄园中取乐，大概十天才去上一次朝。宋理宗经常看到贾似道的庄园中灯火通明，就不知羞愧地说："这一定是似道在玩耍。"有了皇帝的恩宠，向来喜欢寻欢作乐的贾似道终于找到了自己的天堂。贾似道还有一个很大的爱好，就是斗蟋蟀。宋理宗就让全国进贡蟋蟀，挑选最好的赏赐给贾似道。为了给贾似道进贡蟋蟀，贪官污吏们趁机横行霸道，为了捉一只蟋蟀而强拆民居，为了弄到一只蟋蟀而杀害一个人，种种荒唐事，多得数也数不清。

有一次，皇上召见贾似道，正在斗蟋蟀的贾似道舍不得放下心爱的玩物，就把蟋蟀装在袖子中去上朝，宋理宗正在听大臣上奏国家大事，突然从贾似道的袖子中跳出一只蟋蟀，一直跳到了宋理宗的胡须上面，理宗也不生气，反而笑着将一些宫中的蟋蟀赏赐给了贾似道。

执掌朝政后的贾似道，虽然爱玩，但并不是一个宽厚的人，他如果发现有谁对自己表现的不尊重，马上就是用手段陷害他，要么是被贬官到偏远的地区，要么是被杀头或坐牢，反正都没有好结果。

公元1258年，蒙古大军进攻南宋，执掌朝政的贾似道好像没事人一样，继续在自己的庄园中斗蟋蟀，有一个从小玩到大的伙伴拍着贾似道的肩膀说："难道斗蟋蟀也是国家大事吗？"贾似道放声大笑，可他并没有把斗蟋蟀的嗜好放下。

此时，孟珙去世了，朝中缺乏大将，蒙古大军长驱直入。宋理宗迫于压力，指派贾似道带兵去抵御蒙古大军的进攻。胆小怕死的贾似道刚和蒙古大军一接触，就向蒙古提出了议和的请求，可进兵顺利的蒙古并没有接受贾似道的请求。

兵败如山倒，战争中士气非常重要，一旦军心不稳，大军就很容易失败

后来，蒙古大汗蒙哥在带兵攻打钓鱼城时，被宋军的大炮打伤，不久就死了。统率大军的忽必烈急着北上争夺大汗之位，就准备带兵北撤。不明就里的贾似道还去找忽必烈议和，忽必烈原来担心自己后撤会遭到宋军的袭扰，现在贾似道送上门来议和，正中下怀，于是接受议和退兵了。安全撤兵的忽必烈回到蒙古，巩固了自己的大汗之位，建立了元朝。

蒙古退兵后，贾似道回到朝中大肆宣扬自己的战绩，说是因为自己指挥得力，才击退了蒙古大军的进攻。宋理宗异常开心，又给贾似道加官进爵，并且赏赐了他很多宫中的财宝。

贾似道这一次欺骗了宋理宗，以为就可以继续过寻欢作乐日子了，他可曾想过，这一次徒有虚名的"胜仗"给自己埋下了祸根。

公元1275年，元朝派大军进攻安徽芜湖一带，南宋朝廷派"精通兵法"的贾似道率领十三万宋军去抵御元朝军队的进攻。贾似道再次向元朝军队请和，但是遭到了元朝的拒绝。两军交战，宋军打了几个败仗。

贾似道看到元朝大军人多，又勇猛善战，非常害怕，就问他的部将夏贵现在怎么办。夏贵见他这样畏惧敌人，就让他去扬州召集溃兵，而自己留在前线抗敌。贾似道于是驾船离去。

贾似道到扬州后，那些溃兵根本就不听他的招呼。宋军在这次大战中一溃千里。回到杭州之后，朝中官员要求斩杀作战不利的贾似道。执掌朝政的

> **知识链接**
>
> **被逼降元的刘整**
>
> 在忽必烈撤军后，南宋暂时转危为安，把持朝政的贾似道又开始了他那党同伐异、独断专行的一套，打击陷害和他有矛盾的大臣们，之前屡立战功、在四川颇有威望的刘整就是其中一个，他听说贾似道即将要陷害自己，无法自保的他只好投降了蒙古。
>
> **不知襄阳被围**
>
> 相传，因为贾似道的专权，宋度宗直到襄阳被围很久后，才知道这件事，贾似道赶紧谎称蒙古已经撤军了，又问陛下是从何得知的，宋度宗说是听一个宫女说的。没多久贾似道就找了个借口将那个宫女处死，从此以后再也没人敢在宋度宗跟前提起这事了。

谢太后觉得不应该杀他,而把他贬到偏远的地方。在走到半路的时候,贾似道被仇人的儿子给杀死了。

贾似道执掌朝政多年,祸国殃民,南宋朝大好的江山,就葬送在贾似道这种人的手中了。

南宋灭亡

理宗自己的两个儿子都早夭了,所以最后他只能选择自己的弟弟赵与芮唯一的儿子赵禥作为皇储。但是他的这个独苗侄子,却是一个发育不良、有先天缺陷的人:赵禥的母亲在怀孕的时候吃了堕胎药,导致赵禥大脑发育迟缓,一直到七岁才会说话,但是在宋理宗的口中他却是"资识内慧"。景定五年(1264年),宋理宗去世,赵禥即位,他就是宋度宗,尽管此前他也接受了十几年的东宫教育,但是资质实在太差,讲官讲了大半天,他却还是听不懂,把宋理宗气得冲他直发脾气。赵禥即位时已经二十多岁了,不过他对朝政一点兴趣都没有,整日都沉湎于声色犬马之中,朝政因此被大奸臣贾似道把持。

而另一边的元世祖忽必烈,却已经接受了宋朝降将刘整的建议,将进攻的重点放在了襄樊,打算切断宋朝东西之间的联系。咸淳四年(1268年),蒙古大军南下围困襄阳,第三轮的宋蒙战争由此拉开了序幕。

襄阳的守将吕文德及吕文焕相继坚守城池多年。南宋的掌权者贾似道也知道襄阳城的重要意义,多次派兵援救,试图解围,但是在外围就被蒙古军击溃,派去的将领彼此之间也有矛盾。举个例子,朝廷曾经计划让在鄂州担任都统制一职的高达前往襄阳解围。然而令人感到不解的是,襄阳守将吕文焕却并不想让对方来。原来,两人之间素有矛盾。于是吕文焕虚报战功,让朝廷暂停了增援计划,结果错过了解围的最佳时机。都到这个时候了,南宋的这些大臣们还在为一己私利内耗个不停!南宋先后十三次救援襄阳,但是只有三次成功支援了襄樊，而打破蒙军包围圈的一次都没有。咸淳九年（1273年），坚守四年的樊城失守，很快，突围无望的襄阳守将吕文焕选择了开城投降。

随后，元军顺汉水南下长江，目标直指建康，此时的元军对宋军，已经是一派摧枯拉朽之势：德祐元年（1275年），由降将吕文焕率领的元朝水陆联军，在芜湖将贾似道的南宋水军击溃，第二年元军就兵临临安城下。那个先天不足的皇帝宋度宗，已经在咸淳十年（1274年）去世，没有安排继承皇位的人，只留下了三个幼小的儿子——七岁的赵㬎，四岁的赵显和三岁的赵昺。最终因为母亲是皇后，赵显被立为皇帝，被后世称为宋恭帝，由祖母——理宗的皇后谢氏垂帘听政。南宋的小王朝向元军求和不成，最终谢太后带着小皇帝投降了元军，南宋王朝作为一个全国性的王朝已经灭亡。

宋度宗的另外两个幼子，都是杨淑妃的儿子，杨淑妃带着他们逃了出去，在金华和没有投降的陆秀夫、张世杰、陈宜中、文天祥等大臣会合，随后他们在福州拥立赵㬎登基，他就是宋端宗，改元"景炎"，继续组织抗元。元军紧追不舍，在景炎二年（1277年）攻陷福州，南宋的小朝廷只好一路南逃，途径泉州、惠州，最后在广东的珠江口又遭遇一场台风，坠海差点溺死的宋端宗因此惊吓成疾，没几个月就病死了，之后他的弟弟赵昺登基，年号祥兴。祥兴元年（1278年），宋军在雷州半岛被元军击败，

知识链接

文天祥狱中回信

文天祥被元军俘虏后，他的妻子与两个女儿也被抓到官廷中为奴为婢。元朝统治者为了让文天祥屈服，特意让他的女儿柳娘给监狱里的老父亲写了信件，只要他降元，就能一家团聚。

然而，文天祥并不肯向敌人屈服，他给女儿回了信，大意就是为父收到了柳娘的信，看到你们的遭遇，我感到肝肠寸断。但事情发展到今天这步，为了朝廷大义，我只有一死而已，决不投降。

▲ 南宋青白玉莲苞形瓶

左丞相陆秀夫和统军主帅张世杰只好护卫着小皇帝赵昺逃到珠江口海中的崖山,继续抗元。

当时的崖山是个岛屿,张世杰他们是打算将这里作为长期根据地的,一时间也集结了不少军队。当时一心要斩草除根的元军很快就循踪而至,当时主张军事大权的张世杰心态却已经有些失常,已经抱着孤注一掷和元军拼死一战的想法,即使打败了也可以殉国成仁,彻底结束这无穷无尽的流离颠沛。所以他决定放弃对入海口的掌控,主动命令千余艘战舰背山面海,用绳索勾连到一起,形成铁索连舟的阵势,然后又在周围建起楼栅,结成方阵,而把小皇帝乘坐的御船停到方阵里。敌对的元将张弘范观察了宋军的阵势后,哈哈大笑,认为宋朝气数已尽,今日必败。随后他派兵占领崖山入海口,又让大军彻底切断宋军的退路,掐断对

元朝初期,元军的将军大多佩戴这种皮制的头盔,综合性能远胜于金属头盔,这也反映了元军器械的制作水平

方的水源和粮道，让宋军孤悬海外。结果接下来的十几天里，宋军只能饮海水解渴，人人上吐下泻，丧失了战斗力。

　　祥兴二年（1279年）二月初七，元军开始了总攻，宋军大溃，张世杰救援小皇帝不成，只好护卫着杨太后的坐船突围而出。负责护卫小皇帝安全的陆秀夫见大势已去，绝望之下，他逼迫自己的妻儿跳海自尽，然后满脸悲戚地转身看向小皇帝赵昺："陛下不可丧于元人之手，还请陛下为国效死！"说完，陆秀夫背起懵懂的小皇帝，跳海殉国。后来杨太后听说赵昺的死讯后也投水自尽。仍然游荡在广东沿海的张世杰，在这一年的五月遭遇了飓风，全军覆没，他自己也坠海身亡。

　　崖山海战的失败，意味着偏安一隅的南宋朝廷彻底灭亡，持续几十年的元（蒙）宋战争终结，元朝入主中原，成为天下共主。

闯关小测试

1. 南宋的主战派中，哪位宰相发动了开禧北伐？（　）
   A．韩侂胄　　B．史弥远　　C．贾似道

2. 率领义军回归南宋，年老时发出"廉颇老矣，尚能饭否"感慨的是（　）
   A．苏轼　　B．辛弃疾　　C．孟珙

3. "人生自古谁无死，留取丹心照汗青"的作者是（　）
   A．文天祥　　B．张世杰　　C．陆秀夫

参考答案：1.A　2.B　3.A

历代帝王世系表

宋

北宋
/ 960 — 1127

太祖（960 — 976）
太宗（976 — 997）
真宗（998 — 1022）
仁宗（1023 — 1063）
英宗（1064 — 1067）
神宗（1068 — 1085）
哲宗（1086 — 1100）
徽宗（1101 — 1125）
钦宗（1126 — 1127）

南宋
/ 1127 — 1279

高宗（1127 — 1162）
孝宗（1163 — 1189）
光宗（1190 — 1194）
宁宗（1195 — 1224）
理宗（1225 — 1264）
度宗（1265 — 1274）
恭帝（1275 — 1276）
端宗（1276 — 1278）
帝昺（1278 — 1279）